図解&事例
資産承継の税務・法務・会計

株式会社AGSコンサルティング／AGS税理士法人　[編]
司法書士事務所アレックス・カウンセル・アンド・サービシズ

中央経済社

はじめに

　平成25年度税制改正により平成27年1月以降の相続税の課税ベースが拡大され，約2年が経過しました。

　平成28年12月の国税庁の発表によると，平成27年中に亡くなられた方（被相続人）の数は約129万人（平成26年：約127万人），このうち相続税の課税対象となった被相続人数は約10万3,000人（平成26年：約5万6,000人）で，課税割合は8.0％（平成26年：4.4％）となっており，当初の予想どおり，従来の約2倍の課税割合となりました。

　相続税額の合計額は1兆8,116億円（平成26年：1兆3,908億円）となり，税収は増加しましたが，1人当たりの税負担額は1,758万円（平成26年：2,473万円）となり，課税対象の拡大が図られたことがわかります。

　最近の国の施策である富裕層をターゲットとした課税強化の結果が，非常にわかりやすく出たことになります。

　まさに，平均的な収入で，かつ，首都圏近郊に自宅を有している平均的なご家族に対して相続税が課せられる時代となりました。

　平成27年の5月に，本書の兄貴分となる『図解＆事例　株式承継の税務・法務・会計』を発刊し，もはや社会問題となっている「事業承継」の問題に深く関係する「株式の承継」について，その論点を平易に整理し，より具体的な事例をふんだんにご紹介することによって多くの中小企業オーナーや事業承継に携わる士業の方々および金融機関の方々の一助とさせていただきました。

　本書はその第2弾の書として，前述のとおり課税ベースが拡大された相続税の負担も踏まえ，「どのようにして効果的に次世代へ財産を承継していけばいいのか？」について，ケースごとにわかりやすく考え方や方法論をまとめたものです。

第1章では，主に中小企業オーナーに向けて，事業承継を取り巻く環境について内部環境・外部環境の変化を踏まえ，その課題を整理したうえで事業および資産承継への取り組み方についてまとめました。

　第2章では，引き続き，事業承継を取り巻く環境を踏まえ，さまざまなケースを想定したうえで，それぞれにおいて経営の承継に支障がなく，かつ，課税上も有利となるような方法を具体的な手法，実例を交え，また，特に重要な部分はワンポイントアドバイスという形にしてわかりやすく解説しました。

　第3章では，とかく難解とされる財産評価について，特に評価する機会の多い土地を中心として，基本的な事項をできる限り平易に記述し，評価の手順を掲載するとともに，評価の現場で実際に使用する路線価図や評価明細書など実物をできるだけ用いることにより，ビジュアルによる理解を深めていただけるように心掛けて記述しました。

　さらに第4章では，実務においてよく行われる事例を取り上げ，具体的な計算例や承継の考え方，誤りやすい点などを図解を用いてまとめ，皆様のさらなる疑問にお答えしています。

　実務上の知識としては本書を参考にしていただければ，ある程度の道筋を描くことは可能と考えますが，資産承継を実際に進めていく過程においては，スキームありきの対策ではなく，あくまで承継する側の方々の意思・想いを第一に「心の承継」もあわせて進めていくことが重要だと考えます。

　本書の事例紹介において，「力点」と称する項目に関しては，弊社が承継する側の方々の意思・想いをヒアリング等により取得し，具現化した重要なポイントであり，各スキームにおいて最も力を入れた点となりますので，ぜひご活用ください。

　本書は，資産の承継を進めるにあたって最低限必要な知識や，弊社が日々企業オーナーや資産家の方々に対して誠心誠意をもって資産承継のお手伝いをしている事例の中から得た内容を簡潔にまとめたものです。

内容によっては今後さらなる検討が必要となるところもあるかと思いますが，皆様の今後の資産承継対策に少しでもご参考となれば幸いです。

　最後になりましたが，本書の出版に多大なるご尽力をいただきました中央経済社の皆様に心より感謝申し上げます。

　平成29年4月

執筆者一同

Contents

第1章　事業承継を取り巻く環境

① 現在の日本の事業承継における環境 ─── 2
- (1) 税制改正 ……………………………………………………… 2
  - ① 相続税の税率および基礎控除の改正　2
  - ② 事業承継に関するその他の措置や税制改正　3
- (2) 外部環境 ……………………………………………………… 4
  - ① 日本の人口の推移　4
  - ② 経営者の平均年齢　4
  - ③ 中小企業者の割合　5
  - ④ 業種別オーナー企業数　5

② 事業承継対策への取り組み ─── 6

③ 事業承継における課題 ─── 9
- (1) 後継者の選定に関する課題 ……………………………………… 9
- (2) 資産の承継に関する課題 ……………………………………… 10

④ 事業承継対策の進め方 ─── 12
- (1) 状況の把握 …………………………………………………… 13
  - ① 会社の状況　13
  - ② 経営者の状況　13
  - ③ 後継者候補の状況　13
- (2) 計画の策定 …………………………………………………… 14
- (3) 計画の実行 …………………………………………………… 14

> **Column**　相続税・贈与税の計算概要　16

第2章　資産承継スキーム

1 相続・遺贈（遺言） ……………………………………………… 20
(1) 相続・遺贈（遺言）の概要……………………………………… 20
① 相　続　20
② 遺　贈　21
③ 死因贈与　21
(2) 遺言の種類・実務手続き………………………………………… 22
① 自筆証書遺言　24
② 公正証書遺言　24
③ 秘密証書遺言　25
(3) 注意点……………………………………………………………… 25
① 検　認　25
② 遺言執行者　25
　★ワンポイントアドバイス☆　債務控除の留意点　26
　事例　遺産分割による対策　28

2 後継者への承継（譲渡・贈与・税制の活用） ………………… 30
(1) 単純売却…………………………………………………………… 32
① ポイント　32
② 必要な手続き　32
③ 必要資金および税額　34
④ 注意点　35
　事例　単純売却による対策　36
(2) 暦年贈与…………………………………………………………… 38
① ポイント　38
② 必要な手続き　38
③ 必要資金および税額　40
④ 注意点　41

　　　　事例　暦年贈与による対策　42

　　　★ワンポイントアドバイス☆　遺留分と特別受益の持ち戻し　44

　　　★ワンポイントアドバイス☆　遺留分と民法特例　45

　(3) 相続時精算課税 …………………………………………………… 46

　　① ポイント　46

　　② 概　要　46

　　③ 必要な手続き　46

　　④ 必要資金および税額　48

　　⑤ 注意点　48

　　　　事例　相続時精算課税による対策　50

　(4) 納税猶予制度 …………………………………………………… 52

　　① ポイント　52

　　② 制度概要　52

　　③ 必要な手続き　53

　　④ 免除される場合　53

3　後継者への承継（その他の制度の活用） ─────── 54

　(1) 買換え（交換）特例の活用 …………………………………… 54

　　① 概　要　54

　　② 居住用財産の買換え　54

　　③ 特定の事業用資産の買換え　55

　(2) 小規模宅地の特例の活用 ……………………………………… 56

　　① 概　要　56

　　② 特定事業用宅地等　57

　　③ 貸付事業用宅地等　57

　　④ 特定居住用宅地等　58

　　⑤ 特例を受けるための手続き　58

　(3) 信託の活用 ……………………………………………………… 60

　　① 信託の種類　60

② 信託の開始・終了　60
　　　③ 信託の手続き　61
　　　④ 会計上の取扱い　61
　　　⑤ 税務上の取扱い　61
　　　⑥ 信託のメリット　61
　　　　事 例 信託の活用　62
　(4) 一般社団法人および一般財団法人の活用……………………………64
　　　① 一般社団法人・一般財団法人とは　64
　　　② 税制上の取扱い　64
　　　③ 設立手続き　65
　　　④ メリット　65
　　　⑤ 活用方法　65
　　　　事 例 社団法人の活用　66
　(5) 海外税制の活用……………………………………………………………68
　　　① 相続税・贈与税の納税義務者　68
　　　② 海外税制　68
　　　③ 海外移住について　69
　　　④ 国外転出をする場合の譲渡所得等　69
　　　　★ワンポイントアドバイス☆　国外財産調書と情報交換規定　70
　　　　事 例 海外税制の活用　72
　　　　Column 資産課税と所得課税　74

第3章　資産評価手法

① 時価の意義 ―― 76
　(1) 民法，商法における時価……………………………………………………76
　(2) 会計基準における時価………………………………………………………76
　(3) 租税法における時価…………………………………………………………76

① 法人税法上の時価　76
　　　② 所得税法上の時価　76
　　　③ 相続税法上の時価　77
　　　④ 租税法上の時価　77
　　　　★ワンポイントアドバイス☆　遺産分割時の時価　78
　　　　★ワンポイントアドバイス☆　固定資産の交換における時価　79

2　土地および土地の上に存する権利①　──────── 80
- (1) 通　則……………………………………………………… 80
  - ① 評価区分および単位　80
  - ② 地　積　80
- (2) 宅地の評価………………………………………………… 82
  - **事例**　2以上の地区にまたがる宅地の評価　84
  - **事例**　特定路線価を使用しないことの合理性　86

3　土地および土地の上に存する権利②　──────── 88
- (1) 奥行価格補正……………………………………………… 88
- (2) 側方路線影響加算………………………………………… 89
- (3) 二方路線影響加算………………………………………… 90
- (4) 三方または四方路線影響加算…………………………… 91
  - **事例**　角切の部分のみに接道している宅地の評価　92
  - **事例**　不整形地の側方路線影響加算率の適用　94
  - **事例**　裏路線の効用が認められない場合の二方路線影響加算率の適用の有無　96

4　土地および土地の上に存する権利③　──────── 98
- (1) 不整形地補正……………………………………………… 98
- (2) 間口狭小補正……………………………………………… 99
- (3) 奥行長大補正………………………………………………100
- (4) 無道路地……………………………………………………101
  - **事例**　帯状地部分を有する1画地の宅地の評価　102
  - **事例**　生前に不合理分割が行われていた場合の宅地の評価単位　104

| Column | 広大地評価　106

⑤ 土地および土地の上に存する権利④ ——— 108
- (1) 貸家建付地の評価……………………………………………… 108
- (2) 借地権の評価………………………………………………… 110
  - ① 借地権の種類　110
  - ② 借地権の評価　110
  - ③ 定期借地権等の評価　111
  - 事例　賃貸家屋（アパート）が課税時期において空き家となっている場合　114
  - 事例　賃貸家屋（戸建住宅）が課税時期において空き家となっている場合　116
  - Column　無償返還の届出　118

⑥ 家屋および家屋の上に存する権利 ——— 120
- (1) 評価単位……………………………………………………… 120
- (2) 自用家屋の評価……………………………………………… 120
- (3) 区分所有の家屋……………………………………………… 120
- (4) 貸家の評価…………………………………………………… 121
  - 事例　固定資産税評価額が付されていない家屋の評価　122

⑦ 動産の評価 ——— 124
- (1) 一般動産……………………………………………………… 124
  - ① 評価単位　124
  - ② 一般動産の評価　124
- (2) たな卸商品等………………………………………………… 126
  - ① 評価単位　126
  - ② 評価方法　126
  - 事例　一般動産の評価　128
  - Column　たな卸資産に該当する不動産の評価　130

⑧ 無体財産権の評価 ——— 132
- (1) 特許権の評価………………………………………………… 132

① 特許権の特許発明を他人に実施させている場合の特許権の評価　132
　　　② 特許権者が自ら特許発明を実施している場合の特許権の評価　133
　(2) 実用新案権, 意匠権, 商標権の評価……………………………… 133
　(3) 著作権の評価……………………………………………………… 134
　(4) 営業権の評価……………………………………………………… 135
　　　事例　営業権の評価　136
⑨ 株式および出資 ──────────────────── 138
　(1) 上場株式の評価…………………………………………………… 138
　(2) 気配相場等のある株式の評価…………………………………… 139
　　　① 公開途上にある株式　139
　　　② 評価方法　139
　(3) 取引相場のない株式の評価……………………………………… 139
　　　① 類似業種比準価額の評価方法　140
　　　② 純資産価額の評価方法　141
　　　③ 配当還元価額の評価方法　141
　　　事例　上場株式の評価　142
⑩ その他の財産 ──────────────────── 144
　(1) 定期金に関する権利の評価……………………………………… 144
　(2) 信託受益権の評価………………………………………………… 146
　　　① 元本と収益の受益者が同一人である場合　146
　　　② 元本と収益の受益者が元本および収益の一部を受ける場合　146
　　　③ 元本の受益者と収益の受益者が異なる場合　147
　(3) 貸付金債権の評価………………………………………………… 148
　(4) 生命保険契約に関する権利の評価……………………………… 149

| 事例 | 信託受益権の評価　150
| Column | 財産評価基本通達6について　152

第4章　資産承継の事例集・判例集

1. 建物の生前承継 ———————————————————— 154
2. 不動産の法人への売却 ————————————————— 156
3. 不動産の法人から個人への売却 ————————————— 158
4. 著作権の生前承継 —————————————————— 160
5. 信託受益権化 ———————————————————— 162
6. セットバックを必要とする土地 ————————————— 164
7. 影響加算率の接道按分 ————————————————— 166
8. 路線価が土地へ与える影響度による正面路線価の判定 —— 168
9. 側方路線影響加算を行わず，二方路線影響加算を行う場合 ————————————————————————— 170
10. 無道路地または接道義務未充足地 ———————————— 172
11. 共有物分割と税務（共有状態の解消について） —————— 174
12. 負担付贈与を行った場合の課税関係 ——————————— 176
13. 自用地と土地の上に存する権利からなる宅地に対する小規模宅地の特例の適用 ————————————————— 178

巻末付録

事業承継診断票（相対用）　182
平成28年分の基準年利率　183
複利表（平成28年3・12月分）　184

凡　例

本書の文中の法令等の略称は次のとおりです。

略　称	法　令　等
民法	民法
会社法	会社法
信託法	信託法
円滑化法	中小企業における経営の承継の円滑化に関する法律
法法	法人税法
法令	法人税法施行令
法規	法人税法施行規則
法基	法人税取扱通達　基本通達
所法	所得税法
所令	所得税法施行令
所規	所得税法施行規則
所基	所得税取扱通達　基本通達
相法	相続税法
相令	相続税法施行令
相規	相続税法施行規則
相基	相続税法基本通達
財基	財産評価基本通達
措法	租税特別措置法
措令	租税特別措置法施行令
措規	租税特別措置法施行規則

第1章
事業承継を取り巻く環境

1　現在の日本の事業承継における環境

　昨今，事業承継や相続対策という言葉をビジネス雑誌等で見かけることが多く，経営者の方にとって頭を悩ませている問題かと思います。次のような外部環境が，悩みをより一層大きいものにしている要因であり，今後，円滑な事業承継のための対策を行うことは，経営者にとって，会社経営の一環として必須事項になってきているといえます。

(1) 税制改正
　① 相続税の税率および基礎控除の改正

◇相続税の税率

相続税の税率	改正前	改正後
1,000万円以下	10%	10%
3,000万円以下	15%	15%
5,000万円以下	20%	20%
1億円以下	30%	30%
2億円以下	40%	40%
3億円以下		45%
6億円以下	50%	50%
6億円超		55%
基礎控除	5,000万円+1,000万円×法定相続人の数	3,000万円+600万円×法定相続人の数

② 事業承継に関するその他の措置や税制改正

◇贈与税の税率の改正

最高税率の引上げや孫等が直系尊属から贈与を受けた場合の贈与税の税率構造が変わりました。

基礎控除後の課税価格	【改正前】税率	【改正後】一般税率（一般贈与財産）(*)	特例税率（特例贈与財産）(*)
～200万円以下	10%	10%	10%
200万円超～300万円以下	15%	15%	15%
300万円超～400万円以下	20%	20%	
400万円超～600万円以下	30%	30%	20%
600万円超～1,000万円以下	40%	40%	30%
1,000万円超～1,500万円以下	50%	45%	40%
1,500万円超～3,000万円以下		50%	45%
3,000万円超～4,500万円以下		55%	50%
4,500万円超～			55%

※ 暦年課税の場合において、直系尊属（父母や祖父母など）からの贈与により財産を取得した受贈者（財産の贈与を受けた年の1月1日において20歳以上の者に限ります）については、「特例税率」を適用して税額を計算します。
　この特例税率の適用がある財産のことを「特例贈与財産」といいます。また、特例税率の適用がない財産（「一般税率」を適用する財産）のことを「一般贈与財産」といいます。

◇相続時精算課税制度の適用要件の見直し

適用対象者の範囲の拡大など相続時精算課税の適用要件が変わりました。

	【改正前】	【改正後】
贈与者	・贈与をした年の1月1日において **65歳以上**の者	・贈与をした年の1月1日において **60歳以上**の者
受贈者	・贈与を受けた年の1月1日において **20歳以上**の者 ・贈与を受けた時において 　　　　　　贈与者の推定相続人	・贈与を受けた年の1月1日において **20歳以上**の者 ・贈与を受けた時において 　　　　贈与者の推定相続人および<u>孫</u>

(2) 外部環境
　① 日本の人口の推移

　日本人口のボリュームゾーンは退職年齢に近い65歳前後に集中しています。

◇年齢別日本人口

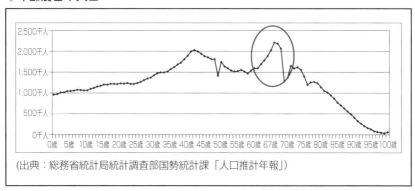

(出典：総務省統計局統計調査部国勢統計課「人口推計年報」)

　② 経営者の平均年齢

　経営者の平均年齢が右肩上がりで増加し60歳に達しており、社長交代率は3.88％と3年連続で前年を上回っていますが、低調なままとなっています。

◇社長の平均年齢と交代率の推移

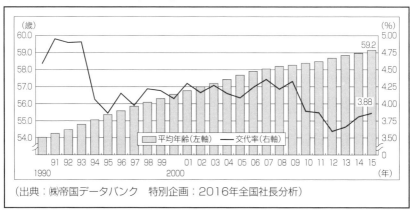

(出典：㈱帝国データバンク　特別企画：2016年全国社長分析)

③ 中小企業者の割合

中小企業者の割合は99.7%となっています。

業種	中小企業基本法の定義 中小企業者 資本金	中小企業基本法の定義 中小企業者 または 従業員	うち小規模事業者 従業員	法人税法による定義 資本金
製造業その他	3億円以下	300人以下	20人以下	1億円以下
卸売業	1億円以下	100人以下	5人以下	1億円以下
サービス業	5,000万円以下	100人以下	5人以下	1億円以下
小売業	5,000万円以下	50人以下	5人以下	1億円以下

中小企業　　385.3万社
小規模事業者　334.3万社

中規模企業 約51.0万社 13.2%
大企業 約1.1万社 0.3%
小規模事業者 約334.3万社 86.5%

	企業数	従業者数	付加価値額（法人のみ） 製造業	付加価値額（法人のみ） 非製造業	売上高（法人のみ）
大企業	1.1万社	1,397万人	45.1兆円	80.0兆円	764.9兆円
中小企業	385.3万社	3,217万人	26.2兆円	121.0兆円	609.6兆円
うち小規模事業者	334.3万社	1,192万人	—	—	—

（出典：2014年版中小企業白書）

④ 業種別オーナー企業数

全企業に占めるオーナー企業率は77.3%となっています。

業種	社数	構成比（%）	オーナー率（%）
建設業	102,185	23.5	85.9
製造業	69,895	16.1	73.2
卸売業	88,254	20.3	76.9
小売業	54,070	12.5	83.5
運輸・通信業	21,529	5.0	71.0
サービス業	71,618	16.5	71.3
不動産業	20,938	4.8	77.1
その他	5,614	1.3	59.7
合計	434,103	100.0	77.3

（出典：㈱帝国データバンク　特別企画：全国オーナー企業分析）

2　事業承継対策への取り組み

　事業承継の対策を行わなかった場合には，事業の継続が困難になる可能性もあります。また，事業のみの問題だけでなく，親族間で争いが起こり，親族や従業員等の残された方に苦労をかける可能性があります。

◇**事業承継フローチャート**

このように，事業承継が重要な事項であるにもかかわらず，事業承継対策を進めている経営者は少ない状況にあります。

◇現経営者の事業継続の意思

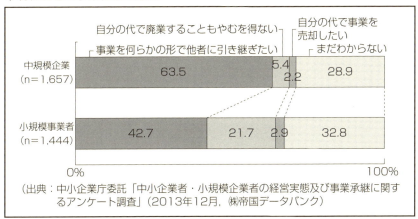

（出典：中小企業庁委託「中小企業者・小規模企業者の経営実態及び事業承継に関するアンケート調査」（2013年12月，㈱帝国データバンク））

◇経営者の年齢別事業承継の準備状況

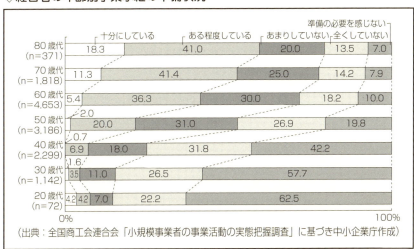

（出典：全国商工会連合会「小規模事業者の事業活動の実態把握調査」に基づき中小企業庁作成）

事業の存続や親族のことを考えるのであれば、事業承継対策については、能動的に行っていくことが必要です。また、ほとんどの事業承継対策が長期間の準備が必要であるため、早い時期から対策を講じていくことが必要となります。

◇経営者の年齢別事業承継の予定時期

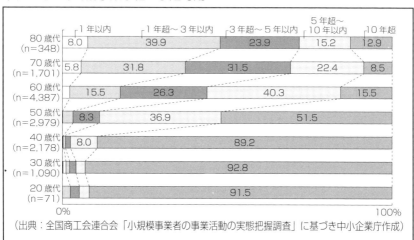

（出典：全国商工会連合会「小規模事業者の事業活動の実態把握調査」に基づき中小企業庁作成）

◇事業承継が円滑に進まなかった理由

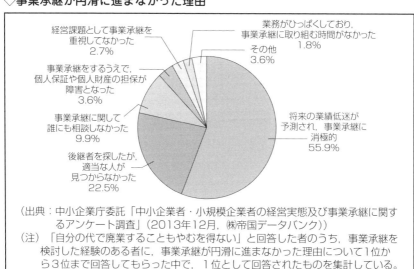

（出典：中小企業庁委託「中小企業者・小規模企業者の経営実態及び事業承継に関するアンケート調査」（2013年12月、㈱帝国データバンク））
（注）「自分の代で廃業することもやむを得ない」と回答した者のうち、事業承継を検討した経験のある者に、事業承継が円滑に進まなかった理由について1位から3位まで回答してもらった中で、1位として回答されたものを集計している。

第1章 事業承継を取り巻く環境　9

3　事業承継における課題

(1) 後継者の選定に関する課題

後継者の選定は事業承継対策において，最初の課題といえます。

◇後継者の決定状況

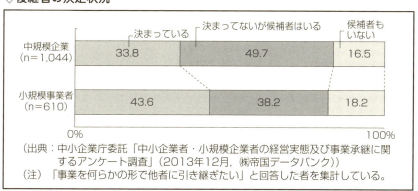

(出典：中小企業庁委託「中小企業者・小規模企業者の経営実態及び事業承継に関するアンケート調査」(2013年12月，㈱帝国データバンク))
(注)　「事業を何らかの形で他者に引き継ぎたい」と回答した者を集計している。

また，後継者が決定している場合においても，後継者が経営者としての能力を備えるには一定期間が必要であるため，早い時期から対策していくことが必要となります。

◇後継者の育成期間

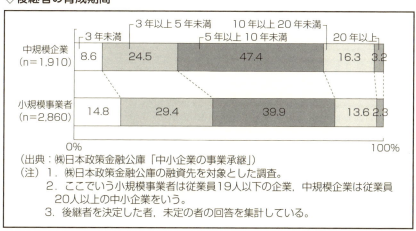

(出典：㈱日本政策金融公庫「中小企業の事業承継」)
(注)　1．㈱日本政策金融公庫の融資先を対象とした調査。
　　　2．ここでいう小規模事業者は従業員19人以下の企業，中規模企業は従業員20人以上の中小企業をいう。
　　　3．後継者を決定した者，未定の者の回答を集計している。

(2) 資産の承継に関する課題

　後継者が決定した後においては、どのように事業用資産を承継させるかが課題となります。

　個人事業主の場合、事業用資産を個人で所有しているため、「経営の承継」と「資産の承継」が表裏一体となっています。

　個人事業主の保有する事業用資産の構成は土地・建物の合計が65.5％と過半を占めており、これらの資産の評価額は相当な額となる可能性がありますので、小規模宅地の特例などの税制の適用も踏まえ対策を行う必要があります。

◇純資産4,800万円超の個人事業主の事業用資産の資産別の構成

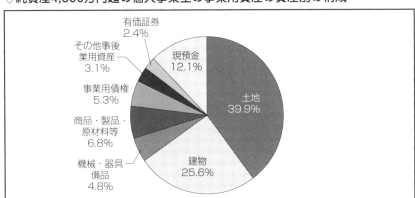

(出典：中小企業庁委託調査「中小企業における事業継承に関する調査」(2014年2月) 株式会社野村総合研究所、独立行政法人中小企業基盤整備機構「事業承継の取り組みに関するアンケート調査」(2014年3月) 再編加工)
(備考)　帳簿価格ベースで、それぞれの資産ごとにデータ全体の上限下限5％を除いた上で、残りのデータを平均したことによる構成比。

◇先代経営者から事業を引き継ぐにあたり苦労した点

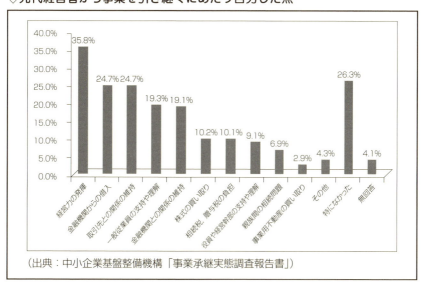

（出典：中小企業基盤整備機構「事業承継実態調査報告書」）

◇先代経営者の事業承継への取り組み

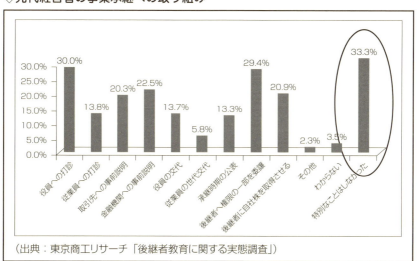

（出典：東京商工リサーチ「後継者教育に関する実態調査」）

4　事業承継対策の進め方

◇事業承継の計画実施の流れ

```
現状の把握　→　承継計画策定　→　実行
・会社の状況　　　　・後継者・承継先の確定
・経営者の状況　　　・承継方法・時期の確定
・後継者の状況　　　・スケジュールの策定
```

　事業承継対策は上記のような流れで実行することが一般的ですが，最も大切なことはオーナーの「想い」であり，その「想い」を最優先としつつ，個別事情や背景を加味して対策内容を決定・実行していく必要があります。

　事業承継を短期間に行うことは非常に困難です。そのため，長期的な手法を組み立て，戦略的かつ計画的に進めていくことが重要になります。

◇経営権・財産権の承継

```
　　経営権の承継　　　　　　財産権の承継
　　　　　　　　　　　事
・後継者の教育はどうするのか　業　・親族争いなく相続ができるのか
・会社の事業，従業員は守って　承　・財産の評価を下げる方法はないのか
　いけるのか　　　　　　　　継　・相続税の納税資金は足りるのか
　　　　　　　　　　　　　　　　・引退後の生活資金は足りるのか
```

(1) 状況の把握

① 会社の状況

資産および負債	・個人資産と会社資産の区別 ・事業価値源泉の把握
損益およびキャッシュフロー	・事業価値源泉の把握
状況や将来収益力	・事業価値源泉の持続性
役員・従業員の意向や年齢・人数	・事業承継に関する賛同を得られるか ・事業承継時における混乱防止

② 経営者の状況

個人保有資産の状況や 経営者の負債および個人保証の状況	・相続対策が必要か ・事業承継対策に活用できるか ・金融資産・納税資金の確認 ・相続税が発生した場合の税コスト
経営者の年齢	・事業承継の準備期間の確認 ・その他,税制要件の適用の確認
親族関係	・相続発生時における法定相続人や遺留分等の財産分割の確認
経営者の意向	・経営者の事業承継の意向の確認

③ 後継者候補の状況

後継者候補の選出	・親族内に後継者がいるか ・役員や社員の中に後継者がいるか ・取引先や外部に売却先があるか
後継者(親族内・社内)候補の 能力・年齢・意向・資金力	・後継者として適正かどうか ・後継者の税制適用要件の確認 ・後継者の資産買取資金・納税資金の確認
関係者の意向	・後継者として,役員や社内,その他の関係者の賛同が得られるか

(2) 計画の策定

◇**事業承継計画策定時に決定すべき事項**

資産承継方法	・後継者の選定 ・承継方法および時期 ・相続対策の実施・時期
事業および会社内部の計画	・役員の変更や就任の時期 ・組織再編を絡めた事業承継対策 ・今後の事業の方向性
その他	・関係者の賛同を得るための計画 ・後継者の教育 ・その他財産分配方法や相続対策 ・納税資金の確保方法

　状況をしっかりと把握したうえで上記のような事項を決定し，スケジュールを作成していきます。

(3) 計画の実行

　計画の実行時には実務的な手続きなどが必要となるため，専門家（弁護士・税理士等）と協同して実行します。また，計画の策定後，経営者や後継者の意向の変化，業績の悪化など予期せぬ事態が起きる場合もありますので，都度，計画の修正等の柔軟な対応が必要です。

第1章 事業承継を取り巻く環境 15

◇事業承継計画（記入例）

社名		中小株式会社				後継者		（親族内）・親族外			
基本方針	①中小太郎から、長男一郎への親族内承継 ②5年目に社長交代（代表権を一郎に譲り、太郎は会長へ就任し10年目には完全に引退） ③10年間のアドバイザーを弁護士と税理士に依頼										

	項目	現在	1年目	2年目	3年目	4年目	5年目	6年目	7年目	8年目	9年目	10年目
事業計画	売上高	8億円					9億円					12億円
	経常利益	3千万円					3千5百万円					5千万円
会社	定款・株式・その他		相続人に対する売渡請求の導入						親族保有株式を配当優先株式化			
現経営者	年齢	60歳	61歳	62歳	63歳	64歳	65歳	66歳	67歳	68歳	69歳	70歳
	役職	社長					→会長		→相談役			→引退
	関係者の理解	家族会議	社内へ計画発表		取引先・金融機関に紹介		役員の刷新					
	後継者教育	後継者とコミュニケーションをとり、経営理念、ノウハウ、ネットワーク等の自社の強みを承継→										
	個人財産の分配						公正証書遺言作成					
	持株（%）	70%	65%	60%	55%	50%	0%	0%	0%	0%	0%	0%
			毎年贈与（暦年課税制度）→				事業承継税制					
後継者	年齢	33歳	34歳	35歳	36歳	37歳	38歳	39歳	40歳	41歳	42歳	43歳
	役職		取締役		→専務		→社長					→
	社内		工場	営業部門		本社管理部門						
			後継者とコミュニケーションをとり、経営理念、ノウハウ、ネットワーク等の自社の強みを承継→										
	社外	外部の研修受講	経営革新塾		→							
	持株（%）	0%	5%	10%	15%	20%	70%	70%	70%	70%	70%	70%
			毎年贈与（暦年課税制度）→				事業承継税制	納税猶予→				
補足	・5年目の贈与時に事業承継税制の活用を検討。 ・遺留分に配慮して遺言書を作成（配偶者へは自宅不動産と現預金、次男・長女へは現預金を配分）。 ・一郎以外の株主（次男・長女）の保有株式を配当優先株式化することで均衡を図る。											

【注意】計画の実施にあたっては専門家と十分に協議した上で行ってください。

（出典：中小企業庁「事業承継ガイドライン」）

Column 相続税・贈与税の計算概要

(1) 相続税は,『相続税の総額』を各人に配分することにより算出するため,はじめに相続税の総額を算出します。

[課税遺産総額]

■課税遺産総額
（相続財産＋みなし相続財産－非課税財産－債務）
－基礎控除額

↓ 法定相続分（※）で按分

[相続人] [相続人] [相続人]
×税率　×税率　×税率
－控除額 －控除額 －控除額
↓　　　↓　　　↓
[算出税額][算出税額][算出税額]

↓

[相続税の総額]

【相続税の速算表】

課税標準	税率	控除額
1,000万円以下	10%	－
3,000万円以下	15%	50万円
5,000万円以下	20%	200万円
1億円以下	30%	700万円
2億円以下	40%	1,700万円
3億円以下	45%	2,700万円
6億円以下	50%	4,200万円
6億円超	55%	7,200万円

■基礎控除額
3,000万円＋法定相続人数×600万円

（※）民法に規定の相続分・相続人であるが,相続放棄があった場合にはその放棄はなかったものとして法定相続人を判定。また,養子がある場合には,養子の数に応じて制限がある。

(2) 『相続税の総額』を実際の取得割合で按分し,2割加算・各種税額控除を加減して各相続人の相続税額を算出します。

[相続税の総額]
× × ×
実際の取得割合　実際の取得割合　実際の取得割合
↓　　　　　　↓　　　　　　↓
[各人の算出税額][各人の算出税額][各人の算出税額]
－　　　　　　－　　　　　　－
[税額控除等]　[税額控除等]　[税額控除等]
↓　　　　　　↓　　　　　　↓
[各人の納付税額][各人の納付税額][各人の納付税額]

■税額控除等
1. 相続税額の加算
2. 贈与税額控除
3. 配偶者の税額軽減 ←
4. 未成年者控除
5. 障害者控除
6. 相次相続控除
7. 外国税額控除

配偶者は,法定相続割合で相続していれば,相続税は課されない

第2章
資産承継スキーム

事業承継の方法は経営者の数だけパターンが存在するといっても過言ではありません。そのため，第1章で確認したような状況を常に把握，確認し承継方法を選択する必要があります。

　資産の承継方法は，次頁のとおりとなっており，各論点について，概要・手続き・留意点を説明していきます。

◇**事業承継のフローチャート**

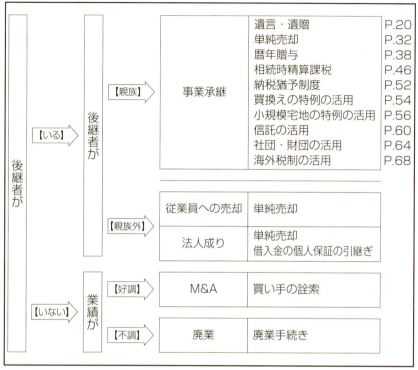

（注） 本書では，後継者が親族のケースのみを紹介しています。
　　その他の手法については，『図解＆事例　株式承継の税務・法務・会計』をご参照ください。

1 相続・遺贈（遺言）

(1) 相続・遺贈（遺言）の概要

生前に資産の移転を行っていない場合には，経営者の死亡を起因として，下記の方法により後継者などに承継されます。

① 相続（民法第五編）

相続とは，被相続人の死亡により，被相続人の権利義務が相続人（法定相続人）に包括的に承継されることをいいます。この場合には，法定相続分により承継され，法定相続分ではない承継については遺言により行われます。

◇法定相続分

配偶者以外の相続人	子（第1順位）		直系尊属（第2順位）		兄弟姉妹（第3順位）	
	配偶者	子	配偶者	直系尊属	配偶者	兄弟姉妹
法定相続分	$\frac{1}{2}$	$\frac{1}{2}$	$\frac{2}{3}$	$\frac{1}{3}$	$\frac{3}{4}$	$\frac{1}{4}$

◇遺留分

	配偶者	子	配偶者	直系尊属	配偶者	兄弟姉妹
遺留分	$\frac{1}{4}$	$\frac{1}{4}$	$\frac{2}{6}$	$\frac{1}{6}$	$\frac{1}{2}$	—

※兄弟姉妹にはありません。

② 遺贈（民法964）

遺贈とは，遺言で財産を他人に与えることをいいます。遺贈は相続人でも他人でも受けることが可能で，包括遺贈と特定遺贈があります。遺贈は，遺留分の規定に反することはできず，公序良俗に反する場合には無効となることがあります。

◇包括遺贈と特定遺贈

	包括遺贈	特定遺贈
定　義	遺産の全部または一部を一定の割合で示してする遺贈	特定の具体的な財産的利益の遺贈
効　果	包括受遺者は相続人と同一の権利義務を有します（民法990）。	具体的な効力は原則として遺言の解釈によって決定されます。
	包括遺贈の承認・放棄について相続の承認・放棄の規定（民法915～940）が適用されます。	遺言者の死後，いつでも，遺贈義務者に対して意思表示をすることにより遺贈の放棄をすることができます（民法986）。特別の様式は定められていないため，口頭でも可能です。この承認・放棄は原則として撤回できませんが（民法989Ⅰ），心裡留保（民法93），虚偽表示（民法94），錯誤（民法95）による無効，詐欺・強迫（民法96）による取消しは認められています。

③ 死因贈与（民法554）

死因贈与とは，贈与者の死亡によって効力が発生する贈与の方法です。遺贈が遺言者の一方的な意思で足りる単独行為であるのに対し，死因贈与は贈与者と受贈者の合意（契約）が必要で，死因贈与契約を生前に締結することにより行われます。

(2) **遺言の種類・実務手続き**

　遺言書を準備しておくことにより，相続人に対して意思・気持ち・想いを伝えることができます。

　遺言の種類により要件が異なり，正式な手続きを行わない場合には無効になるため注意が必要です。

◇遺言書（例）

遺 言 書

遺言者●●●は，次のとおり遺言する。

第1条　遺言者は，遺言者所有の下記不動産を長男●●（昭和●年●月●日生）に相続させる。
　　　(1) 所　　在　●●●●
　　　　　 地　　番　●番●
　　　　　 地　　目　●●
　　　　　 地　　積　●●.●● m²

第2条　遺言者は，遺言者の所有する預貯金の中から，長女●●（昭和●年●月●日生）および次男●●（昭和●年●月●日生）に対して，それぞれ現金●●万円を相続させる。

第3条　遺言者は，前2条記載の財産を除く遺言者の有する不動産，有価証券，預貯金，現金その他一切の財産を，妻●●（昭和●年●月●日生）に相続させる。

第4条　遺言者は，この遺言の執行者として長男●●を指定する。

平成●年●月●日

　　　（住所）●●●●

　　遺言者（氏名）●●●

◇遺言の比較

	自筆証書遺言	公正証書遺言	秘密証書遺言
証人公証人	なし	公証人1名 証人2名	公証人1名 証人2名
公証役場での手続き	なし	要 （出張可）	要 （出張可）
自筆	全文・日付・氏名，すべて自筆	公証人による筆記	署名のみ自筆
押印者	遺言者 実印・認印・拇印可	遺言者および証人 実印（要印鑑証明）	遺言者および証人 実印（要印鑑証明）
保管	各自	公証役場	各自
検認手続き	要	不要	要
手数料	なし	財産額／最低額／5,000万円ごとの追加額 1億円以下　43,000円以下　— 1〜3億円　43,000円　13,000円 3〜10億円　95,000円　11,000円 10億円超　249,000円　8,000円 出張の場合：×1.5＋旅費交通費	定額11,000円
メリット	・簡単に作成できる ・内容を秘密にできる ・費用が発生しない	・内容不備の可能性が低い ・偽造・紛失の心配がない ・検認手続きが不要	・内容を秘密にできる ・本文は代筆可，パソコン入力可 ・偽造の心配がほぼない
デメリット	・偽造，紛失の可能性あり ・内容不備による無効の可能性あり ・検認手続きが必要	・公証人手続きと手数料が発生 ・証人が必要 ・内容を秘密にできない	・公証人手続きと手数料が発生 ・内容不備による無効の可能性あり ・検認手続きが必要 ・証人が必要 ・紛失の可能性あり

① 自筆証書遺言

遺言者が自ら遺言の内容の全文を紙に書き、日付・氏名を書いて署名の下に押印することにより作成する遺言です。費用もかからずいつでも書けるというメリットがあります。しかしながら、法律的に見て不備な内容になってしまう危険性があり、無効になってしまう場合もあります。

また、自筆証書遺言はその遺言書を発見した者が必ず家庭裁判所に持参し、相続人全員に呼出状を発送したうえ、その遺言書を検認するための検認手続きを経なければなりません。さらに、発見した者が自分に不利なことが書いてあると思ったときなどには、破棄したり、隠匿や改ざんをしたりしてしまう危険性がないとはいえません。

② 公正証書遺言

遺言者が公証人の面前で遺言の内容を口授し、それに基づいて公証人が遺言者の真意を正確に文章にまとめ、公正証書遺言として作成するものです。方式の不備で遺言が無効になるおそれもないため、公正証書遺言は、自筆証書遺言と比べて、安全確実な遺言方法であるといえます。

公正証書遺言は、家庭裁判所で検認の手続きを経る必要がないので、相続開始後、すみやかに遺言の内容を実現することができます。さらに、原本が必ず公証役場に保管されますので、遺言書が破棄されたり、隠匿や改ざんをされたりする危険性がありません。

◇公正証書遺言の手続き

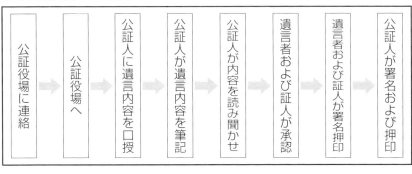

公証役場に連絡 → 公証役場へ → 公証人に遺言内容を口授 → 公証人が遺言内容を筆記 → 公証人が内容を読み聞かせ → 遺言者および証人が承認 → 遺言者および証人が署名押印 → 公証人が署名および押印

③ 秘密証書遺言

　遺言者が遺言の内容を記載した書面に署名押印をしたうえでこれを封じ，遺言書に押印した印章と同じ印章で封印したうえ，公証人および証人2人の前にその封書を提出し自己の遺言書である旨およびその筆者の氏名および住所を申述し，公証人がその封紙上に日付および遺言者の申述を記載した後，遺言者および証人2人とともにその封紙に署名押印することにより作成されるものです。遺言書の内容に法律的な不備があり無効となってしまう危険性がないとはいえません。

　また，自筆証書遺言と同じように，家庭裁判所に届け出て検認手続きを受けなければなりません。

(3) 注意点

① 検　認

　公正証書遺言以外の遺言書については検認手続きが必要です。検認を終えていない場合には財産の名義変更手続きができません。

◇検認手続きの必要事項

申立人	遺言の保管者，遺言者を発見した相続人
申立先	遺言者の最後の住所地の家庭裁判所
費用	遺言書1通につき印紙800円，連絡用の郵便切手
必要書類	申立書，遺言者の(除籍等を含めた)すべての戸籍，相続人全員の戸籍等

② 遺言執行者

　遺言執行者は，相続財産の管理その他遺言の執行に必要な一切の行為をする権利義務を有することとなります。遺言の執行を滞りなく行うためには，信頼のある人間を遺言執行者に指定する必要があります。

★ワンポイントアドバイス☆　債務控除の留意点 (相法13)

　相続税は，被相続人の課税価格の合計額を法定相続人が法定相続分どおりに相続したものとして計算されます。その場合において，課税価格の合計額は，まず各相続人の課税価格を計算し，それを合計して算出することになります。

　各相続人の課税価格は，各相続人の「取得財産の価額」から「債務及び葬式費用の金額」を控除して計算します。その際，控除した金額が赤字のときは０円として計算することとなります。

◇ケース１　債務を法定相続分にて負担

```
□　被相続人の財産＝9,000万円
□　債務＝5,000万円

〈相続人Ａ〉                    〈相続人Ｂ〉
  ①　取得財産　4,500万円         ①　取得財産　4,500万円
  ②　債務　　　2,500万円         ②　債務　　　2,500万円
  ③　①－②＝　2,000万円         ③　①－②＝　2,000万円
                                       合計　4,000万円
```

◇ケース２　債務を相続人Ａが負担

```
□　被相続人の財産＝9,000万円
□　債務＝5,000万円

〈相続人Ａ〉                       〈相続人Ｂ〉
  ①　取得財産　4,500万円            ①　取得財産　4,500万円
  ②　債務　　　5,000万円            ②　債務　　　　　　0円
  ③　①－②＝　△500万円→０円      ③　①－②＝　4,500万円
                                          合計　4,500万円
```

　そのため，被相続人の財産の価額から債務の金額を控除した金額が基礎控除額以下である場合でも，遺産分割の内容においては，相続税が課税されることなどがあるため，注意が必要です。

◇相続税の申告書

事例　遺産分割による対策

Q　相続が発生してしまってからの対策としてどのようなものがありますか。

A　遺産分割の方法により相続税の計算や二次相続時の相続税の合計額に影響を与えることとなります。

◇事例内容

■影　響

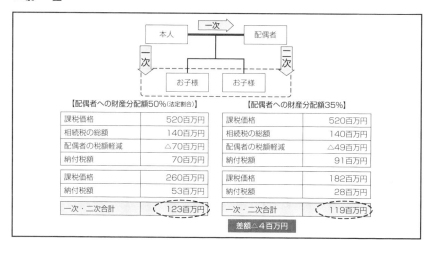

■力　点

　本ケースでは，相続が発生してしまってからの相談でしたが，相続人が配偶者と子供2人で二次相続までを意識されての相談でしたので，二次相続まで踏まえた相続税への影響を中心に進めました。

■論点整理

　遺産分割により税金への影響が発生する主な項目は次の点です。

□配偶者の税額軽減

➡配偶者の取得割合により配偶者の税額軽減の適用される金額が異なります。本ケースではこちらを活用しました。

□代償分割の活用（相続財産の圧縮，居住用財産の特例の活用）

➡代償分割とは，遺産の分割にあたって共同相続人などのうちの1人または数人に相続財産を現物で取得させ，その現物を取得した人が他の共同相続人などに対して債務を負担するものです。相続人の財産が入れ替わるため，二次相続への影響や居住用財産を譲渡する場合には，居住者に自宅のすべてを取得させたほうが有利になる場合があります。

□小規模宅地の特例の活用

➡取得者の要件がありますので，適用すれば財産評価額は軽減されることとなります。

□相続税額の取得費加算の特例の活用

➡相続税の負担をした相続人が取得財産を譲渡した場合に適用が受けられるため，譲渡を考えている場合には検討したほうがよいかと思います。

2　後継者への承継（譲渡・贈与・税制の活用）

　資産の承継は，主に譲渡や贈与などの手法により行われますが，資金負担額や税額に違いがあるため，下記の手法の特徴を考慮し適切な方法により移転を行うことが望ましいと考えられます。

◇**資産承継手法の違いによる特徴**

	譲渡（個人間）	暦年贈与（個人間）
準備手続き	譲渡契約書等の書類の整備 税務上の時価の算定	贈与契約書等の書類の作成 税務上の時価の算定
税額	（譲渡価額－取得価額） ×20.315%	（贈与額－110万円） ×最高税率55%
納税者	譲渡者	受贈者
適用要件	なし	なし
納税手続き	所得税の確定申告 譲渡日の翌年2月16日 ～3月15日	贈与税の確定申告 贈与日の翌年2月1日 ～3月15日
必要資金	株式の買取資金	贈与税の納税資金
メリット	・生前に承継できる ・税率が低い ・譲渡資金を得ることができる	・生前に承継できる ・買取資金の調達の必要がない
デメリット	・買取資金の調達が必要 ・買取資金の返済計画が必要 ・譲渡資金の相続税対策が必要	・税率が高い ・譲渡資金を得ることができない ・遺留分に注意が必要

	相続時精算課税	納税猶予制度（相続・贈与）
準備手続き	贈与契約書等の書類の作成 税務上の時価の算定	経済産業大臣からの認定 （要件の充足） 猶予額の担保の提供 経済産業大臣・税務署長への報告 税務上の時価の算定
税額	【贈与時】 （贈与額－2,500万円） ×税率一律20% 【相続時】 贈与時の評価額×最高税率55% －贈与時に支払った贈与税額	【贈与時】 （贈与額－110万円）×最高税率55% （うち発行済株式総数の2/3までの 全額を納税猶予） 【相続時】 贈与時の評価額×最高税率55% （うち発行済株式総数の2/3までの 80%の税額を納税猶予） ※適用要件から外れた場合は納税
納税者	受贈者	相続人 受贈者
適用要件	【贈与者】 60歳以上 【受贈者】 20歳以上の直系卑族である 推定相続人または孫	代表者であること 一族で議決権の50％超保有 筆頭株主であること 継続保有要件 雇用8割維持　等
納税手続き	【贈与時】 贈与税の確定申告に届出添付 翌年2月1日〜3月15日 【相続時】 相続税の申告時に精算が必要 相続発生日から10か月以内	【贈与時】 贈与税の確定申告時に一定の手続き 翌年2月1日〜3月15日 【相続時】 相続税の確定申告時に一定の手続き 相続発生日から10か月以内
必要資金	贈与税額	適用対象外の株式に係る税額
メリット	・生前（相続前）に承継できる ・贈与時の税金負担は少ない ・贈与時の株価で固定できる	・生前（相続前）に承継できる ・猶予額の免除の特例あり ・贈与時の株価で固定できる
デメリット	・相続時に精算されるため，最終税負担は相続税率（最高55％） ・譲渡資金を得ることができない	・適用要件が厳しい ・手続負担が多い ・納税の場合に利子税の支払が発生 ・猶予分の担保が必要 ・譲渡資金を得ることができない

※　納税猶予は非上場株式等の納税猶予制度に限定しています。

(1) 単純売却

① ポイント
- 資産所有者が資産を現金化することができます。
- 資産内容に応じて「総合課税」,「分離課税」により課税されます。
- 後継者は買取資金が必要となります。

② 必要な手続き

【事前準備】
- 税務上の時価の算定
- 資金の調達（後継者）

【譲渡関係必要書類】
- 売買契約書

【事後手続き】
- 譲渡所得税の確定申告（原則, 翌年2月16日〜3月15日）

◇譲渡契約書（例）

譲渡契約書

●●●●（以下「甲」という）と●●●●（以下「乙」という）は，本書末尾記載の●●●（以下「本物件」という）について，以下のとおり譲渡契約（以下「本契約」という）を締結した。

第1条（譲渡の目的物及び譲渡代金）
1．甲は，本物件を現状有姿で乙に譲渡し，乙は，これを譲り受ける（以下「本件譲渡」という）ものとする。
2．本件譲渡の対価（以下「譲渡代金」という）は総額●●●●円とする。
3．乙は前項に規定する譲渡代金全額を，甲が別途指定した銀行口座へ平成●年●月●日までに振り込んで支払うものとする。なお，振込手数料は乙が負担する。

第2条（所有権の移転時期）
本物件の所有権は，平成●年●月●日（以下「譲渡日」という）をもって甲から乙に移転し，甲は乙に対し本物件を譲渡日に引渡すものとする。

第3条（公租公課等の分担）
1．甲及び乙は，本物件に対して賦課される固定資産税等の公租公課その他の賦課金について，譲渡日をもって区分し，その前日までに相当する部分は甲の負担とし，譲渡日以後相当する部分は乙の負担とする。
2．前項の負担については，甲乙間で必要な精算を行うものとする。なお，公租公課の起算日は1月1日とする。

第5条（印紙の負担区分）
本契約書に貼付する収入印紙代は，乙の負担とする。

以上，本契約の成立を証するため本書2通を作成し，甲乙記名押印の上，各自1通を保有する。

平成●年●月●日

甲

乙

本物件の表示

③ 必要資金および税額

【売買価格】

財産評価基本通達等に基づく評価額（第3章参照）を基準に売買価格を決定します。

【資金調達】

後継者側での資金調達が必要となります。時価が高い場合には，下記の方法等により資金調達や資金負担の対策を行います。

- 金融機関からの借入れ
- 評価引下げ後の譲渡
- 会社や同族からの借入れ（役員報酬の増額や配当収入により返済を行う）

【税額】

資産譲渡は売却側の個人に対して所得税等が課され（総合課税または分離課税），確定申告期限（原則，譲渡日の翌年2月16日〜3月15日）までに，確定申告および納税を行います。

※ 相続により取得した資産を相続開始日以後3年10か月以内に譲渡した場合には，当該相続にかかる相続税のうち譲渡した資産にかかる相続税額を取得価額に加算できる特例があります。

④ 注意点

【低額譲渡・高額譲渡】

　個人間での資産譲渡における譲渡価額が，税務上の時価と比べて低額または高額である場合には注意が必要です。税務上の時価と実際の譲渡価額との差額部分について贈与があったものとみなされ，贈与税（最高税率55％）が課税されます。特殊事情がない限りは，税理士等が算定した評価額に基づき譲渡価額を決定することが望ましいと考えられます。

◇高額譲渡，低額譲渡における課税

	低額譲渡	高額譲渡		低額譲渡	高額譲渡
個人Aから個人Bへ譲渡	個人Aは個人Bに贈与	個人Bは個人Aに贈与	個人から法人へ譲渡	（法人側）個人→法人に贈与　時価に満たない額は法人に受贈益課税	（法人側）法人→個人に贈与　寄附金・役員賞与処理　※損金不算入
	個人Bに贈与税課税	個人Aに贈与税課税		（個人側）時価課税（時価の2分の1未満の場合）	（個人側）給与所得・一時所得

【同族間の貸付けの税務上の注意点】

　親族や同族会社からの借入金で資金調達する場合は，贈与や賞与とみなされる場合があるため，同族間の貸付金は利息計上や返済を実際に行うなど，通常の金銭消費貸借契約に基づく取引の履行が必要となります。

【譲渡対価の相続対策】

　譲渡により対価として現金を取得することになるため，受け取った譲渡代金の相続対策が別途必要となります。

事例　単純売却による対策

Q 事業から引退する際に現金を確保するための、事業用資産の承継方法について教えてください。

A 単純売却により承継が可能です。

◇ 事例内容

次の事業用資産を後継者に承継させたい。	
機械装置 ：	600万円
車　　両 ：	200万円
建　　物 ：	2,500万円
土　　地 ：	7,000万円
借　入　金 ：	－3,000万円
合　　計	7,300万円

※ それぞれ金額を時価と仮定しています。

■ 影　響

		父	子
資金負担		＋7,300万円	－7,300万円
税金負担	機械、車両：総合譲渡 (注1)		なし
	建物、土地：分離譲渡 (注2)		
借入金		後継者に承継	

(注1) ① 機械装置　600万円－(600万円×5％)＝570万円
　　　② 車両　200万円－(200万円×5％)＝190万円
　　　③ {(①＋②)－50万円}×1/2＝355万円
　　　④ ③×30％＝106.5万円
　　　※ 長期所有、取得費は収入金額の5％、税率は30％と仮定しています。

(注2) ① 建物　2,500万円－(2,500万円×5％)＝2,375万円
　　　② 土地　7,000万円－(7,000万円×5％)＝6,650万円
　　　③ ①＋②＝9,025万円
　　　④ ③×20％＝1,805万円
　　　※ 長期所有、取得費は収入金額の5％、税率は20％と仮定しています。

■力　点

次の点により，単純売却による承継をお勧めしました。

① 父が事業からの引退の際，現金を手に入れたかった。

② 借入金は子に引き継ぐ。

■論点整理

□父

① 現金を手にすることができます。

② 総合譲渡に該当する場合は，譲渡益から特別控除額（最高50万円）を控除した後，長期所有の場合には2分の1された金額が，他の所得と合算され超過累進税率により課税がされることとなります。

③ 分離譲渡に該当する場合には，長期所有の場合には20.315％（所得税15.315％，住民税5％）にて課税がされることとなります。

□子（後継者）

① 買取資金を準備する必要があります。

② 税金負担はありません。

□ポイント

総合譲渡に該当する場合には他の所得と合算され，超過累進税率により課税されることとなります。分離譲渡に該当する場合には20.315％（所得税15.315％，住民税5％）となりますので，他の手法に比べ税負担が低くなる可能性があります。

(2) **暦年贈与**

① ポイント
- 資産所有者は現金を取得することができません。
- 贈与税は10％～55％の累進税率となります。
- 後継者は買取資金を調達する必要がありませんが，贈与税の納税資金が必要となります。

② 必要な手続き

【事前準備】
- 税務上の時価の算定
- 贈与税納税資金の調達（後継者）

【譲渡関係必要書類】
- 贈与契約書

【事後手続き】
- 贈与税の個人確定申告（原則，翌年２月１日～３月15日）
  ※ 贈与税の基礎控除枠の範囲内の場合には確定申告は不要です。

◇贈与契約書（例）

贈与契約書

●●●●（以下「甲」という）と●●●●（以下「乙」という）は，本書末尾記載の●●●（以下「本物件」という）について，以下のとおり贈与契約（以下「本契約」という）を締結した。

第1条（贈与の目的物）
甲は，本物件を現状有姿で乙に贈与し，乙は，これを無償で譲り受ける（以下「本件贈与」という）ものとする。

第2条（所有権の移転時期）
本物件の所有権は，平成●年●月●日（以下「贈与日」という）をもって甲から乙に移転し，甲は乙に対し本物件を贈与日に引渡すものとする。

第3条（公租公課等の分担）
1．甲及び乙は，本物件に対して賦課される固定資産税等の公租公課その他の賦課金について，贈与日をもって区分し，その前日までに相当する部分は甲の負担とし，贈与日以後相当する部分は乙の負担とする。
2．前項の負担については，甲乙間で必要な精算を行うものとする。なお，公租公課の起算日は1月1日とする。

第4条（印紙の負担区分）
本契約書に貼付する収入印紙代は，乙の負担とする。

以上，本契約の成立を証するため本書2通を作成し，甲乙記名押印の上，各自1通を保有する。

平成●年●月●日

甲

乙

本物件の表示

③ 必要資金および税額

【評価額】

財産評価基本通達に基づく評価額（第3章参照）。

【資金調達】

譲渡対価の資金調達は必要ありませんが、贈与税額が多額になる場合には下記の方法等により資金調達や資金負担の対策を行います。

- 金融機関からの借入れ
- 会社や同族からの借入れ（役員報酬の増額や配当収入により返済を行う）

【税　額】

贈与については譲受け側に対して贈与税が課され、確定申告期限（原則、贈与日の翌年2月1日〜3月15日）までに、受贈者ごとに贈与税の確定申告および納税を行います。贈与税は、所得税とは違い資産内容に区別なく、累進税率となっており、詳細な計算については以下のとおりです。

贈与額 [※1] － 110万円 [※2] ＝ 課税価格

課税価格 × 税率 － 控除額 ＝ 税額

(※1)　財産評価基本通達に基づく評価額が贈与額となります。
(※2)　毎年110万円の基礎控除となります。

◇**贈与税税率表**

右記以外の通常の場合			直系尊属から20歳以上の者への贈与の場合		
基礎控除後の課税価格	税率	控除額	基礎控除後の課税価格	税率	控除額
200万円以下	10%	－	200万円以下	10%	－
300万円以下	15%	10万円	400万円以下	15%	10万円
400万円以下	20%	25万円	600万円以下	20%	30万円
600万円以下	30%	65万円	1,000万円以下	30%	90万円
1,000万円以下	40%	125万円	1,500万円以下	40%	190万円
1,500万円以下	45%	175万円	3,000万円以下	45%	265万円
3,000万円以下	50%	250万円	4,500万円以下	50%	415万円
3,000万円超	55%	400万円	4,500万円超	55%	640万円

④ 注意点

【生前贈与加算】

相続開始前3年以内において被相続人より相続人に対して贈与された財産は相続税の計算上，課税標準に算入され，相続税の課税対象となります。すでに支払った贈与税は相続税から控除されますが，相続発生直前の贈与は，結果として有効な相続税対策につながらない場合がありますので注意が必要です。

【遺留分】

遺留分とは，相続が発生した場合に，一定の相続人が最低限相続すべき額として民法で定められている割合です。

遺留分は兄弟姉妹を除く法定相続人が請求でき，生前における贈与などにより，遺留分が侵害された場合には，相続後，贈与を受けた者が他の相続人から遺留分の請求が行われる可能性がありますので，注意が必要です。

◇遺留分の割合

相続人	遺留分割合	各人別	
		配偶者	その他
配偶者のみ	法定相続分の2分の1	2分の1	－
配偶者と子(注)		4分の1	4分の1÷人数
配偶者と親		3分の1	6分の1÷人数
配偶者と兄弟姉妹		2分の1	なし
直系尊属のみ	法定相続分の3分の1	－	3分の1÷人数

（注） 子の代襲相続人も，被代襲者である子と同じ遺留分となります。

事例　暦年贈与による対策

Q 事業用資産を承継するにあたり，後継者に資金負担をさせたくないのですが，どのような方法がありますか

A 暦年贈与により承継が可能です。

◇事例内容

次の事業用資産を後継者に承継させたい。
機械装置　：　　　　　600万円
車　　両　：　　　　　200万円
建　　物　：　　　　2,500万円
土　　地　：　　　　7,000万円
借入金　：　　　　－3,000万円
合　　計　　　　　　7,300万円
※それぞれ金額を時価（財産評価額と同額）と仮定しています。

■影　響

	父	子
資金負担	なし	なし
税金負担	なし	3,886万円 [注]
借入金	承継できません	―

(注) ①　(600万円＋200万円＋2,500万円＋7,000万円)－110万円＝10,190万円
　　②　①×40％－190万円＝3,886万円
　　※特例税率に該当するものと仮定しています。

■力　点
次の点により，暦年贈与による承継をお勧めしました。
① 承継にあたり，子に資金負担をさせたくない。
② 借入金を子に承継させる必要はない。

■論点整理
□父
① 現金を手にすることはできません。
② 税金負担はありません。

□子（後継者）
① 買取資金を準備する必要はありません。
② 税金負担が必要となります。

□ポイント
　暦年贈与における贈与税率は超過累進税率となりますが，暦年贈与で課税関係が完結するため，贈与財産の価額によっては他の手法に比べ税負担が低くなる可能性があります。
　また，負担付贈与の場合には，時価により売却したものとして課税されることとなりますので，借入金を承継させたい場合には注意する必要があります。

★ワンポイントアドバイス☆　遺留分と特別受益の持ち戻し
（民法903）

　相続税の計算では、生前贈与加算で加算対象となるものは、相続開始前3年以内の贈与財産に限られますが、民法では、生前に贈与されたものがすべて特別受益の対象となり、遺産分割・遺留分の計算の際にはそれらの財産を含めて相続分を計算する必要があります。

　特別受益に該当するものは、「婚姻、養子縁組または生計の資本」として贈与されたものとなりますが、一般的には対象の贈与が「婚姻、養子縁組または生計の資本」に該当するかが曖昧となるケースが多くあり、特別の事情がない限り、贈与については対象になると考えたほうが無難であるといえます。

　特別受益に該当する財産を持ち戻した額に基づき、遺留分の計算を行いますが、遺留分を侵害する場合には遺留分減殺請求がなされることとなります。

　なお、遺言により特別受益の持ち戻しを免除することも可能ですが、遺留分の制限は受けます。

★ワンポイントアドバイス☆　遺留分と民法特例
（円滑化法4）

　前述したように，遺留分があり，生前贈与や遺言により後継者に株式を集中しようとしても，うまくいかない場合があります。

　このような場合に，経営承継円滑化法において，「遺留分に関する民法の特例」が規定されています。

　「遺留分に関する民法の特例」において規定されている内容は次の2点となります。

> ①　除外合意：遺留分算定基礎財産から株式を除外
> ②　固定合意：遺留分算定基礎財産に算入する株式の価額を固定

　それぞれの適用を受ける場合には，次の要件を満たしている必要があります。

> ①　3年以上継続して事業を行っている非上場企業
> ②　現経営者（先代）が会社の代表者であること
> ③　後継者が合意時点で会社の代表者であること
> ④　後継者が現経営者（先代）から株式を取得したことにより議決権の過半数を保有すること

　また，適用を受ける際には，次の手続きが必要となります。

> ①　推定相続人全員および後継者の合意
> ②　経済産業大臣の確認
> ③　家庭裁判所の許可

(3) 相続時精算課税（相法第二章第三節）

① ポイント
- 贈与税の負担を抑えることができます。
- 相続時に贈与時の価額で精算されます。

② 概　要

相続時精算課税とは，贈与税の課税制度の特例の1つです。贈与税は最高税率が55％と高い税率のため財産の移転を行いにくく，金融資産等の財産が高齢者に留保される傾向にあることから，早期財産移転を促すために作られた制度です。

$$（贈与額-2,500万円）\times 20\% = 贈与税額$$

ただし，制度名のとおり相続時に精算が行われますので，相続が発生したときには，相続時精算課税制度により贈与した財産は相続財産に加算し，相続税額からこの制度により支払った贈与税額を控除して計算する仕組みです。そのため，あくまで特別控除2,500万円は，非課税となるわけではなく，最終的には相続税率（最高55％）で課税される点に注意が必要です。

③ 必要な手続き

【要　件】
- 贈与者は贈与をした年の1月1日において60歳以上であること。
- 受贈者は贈与者の直系卑属（子または孫）であること。
- 受贈者は贈与を受けた年の1月1日において20歳以上であること。

【手続き】
- 贈与を受けた者は贈与税の申告に「相続時精算課税選択届出書」を添付して確定申告を行います。
  - ※　特別控除枠の範囲内であっても贈与した年は申告が必要です。

◇贈与税の仕組み

課税価格
（1年間に贈与により取得した財産の価額の合計額）

（適用要件を満たす場合）

相続時精算課税を

選択する → 相続時精算課税

選択しない → 暦年課税

【相続時精算課税】
① 贈与財産の価額から控除する金額
特別控除額 2,500万円
※ 前年までに特別控除額を使用した場合には，2,500万円からすでに使用した額を控除した残額が特別控除額となります。
② 税率
（特別控除額を超えた部分に対して）
一律20％の税率

【贈与者の相続時に精算】

【暦年課税】
① 贈与財産の価額から控除する金額
基礎控除額 毎年110万円
※ 課税価格が110万円を超える場合は，申告が必要となります。
② 税率
（基礎控除後の課税価格に対して）
超過累進税率

【相続税との関係】
贈与者が亡くなった時の相続税の計算上，相続財産の価額に相続時精算課税を適用した贈与財産の価額（贈与時の時価）を加算して相続税額を計算します。
その際，すでに支払った贈与税相当額を相続税額から控除します（控除しきれない金額は還付されます）。

【相続税との関係】
贈与者が亡くなった時の相続税の計算上，相続開始前3年以内に贈与を受けた財産の価額（贈与時の時価）は加算しなければなりません。
その際，すでに支払った贈与税相当額を相続税額から控除します（控除しきれない金額は還付されます）。

※ 受贈者（財産の贈与を受けた人）は，贈与者（財産の贈与をした人）ごとに「相続時精算課税」を選択することができます。「相続時精算課税」を選択するためには，贈与税の申告書の提出期限までに贈与税の申告書と相続時精算課税選択届出書を税務署に提出しなければなりません。
（注）「相続時精算課税」を選択した場合は，その選択に係る贈与者から贈与により取得する財産については，その選択をした年分以降，すべて相続時精算課税が適用され，「暦年課税」へ変更することはできません。

④ 必要資金および税額

【評価額】

財産評価基本通達に基づく評価額（第3章参照）。

【必要資金】

暦年贈与に比べ贈与時の贈与税額は少なくなりますが，納税額分の資金調達が必要です。

【税　額】

贈与額 − 2,500万円^(※) = 課税価格

課税所得 × 20% = 税額

> （※）　贈与者1人につき2,500万円であるため，例えば父母からの贈与を受けた場合には最大5,000万円となります。
> 　　　1年目1,000万円，2年目1,500万円と分割しての贈与も可能です。

⑤ 注意点

【評価額が下がった場合】

評価額が上がった場合には相続時精算課税制度のメリットを享受できますが，評価額が下がった場合にはメリットを享受できず，高い評価額で相続時に精算されるため注意が必要です。

【暦年贈与との選択適用】

相続時精算課税制度は，暦年贈与との選択適用となり，一度相続時精算課税制度を選択した場合には，再び暦年贈与を選択することはできなくなります。また，相続時精算課税制度の選択は，贈与者ごとに選択することができるため，例えば父からは暦年贈与，母からは相続時精算課税という選択も可能です。

◇相続時精算課税選択届出書

（様式は省略）

事例　相続時精算課税による対策

Q　事業用資産を承継するにあたり，後継者の税金負担を抑える方法にはどのようなものがありますか。

A　相続時精算課税贈与により承継が可能です。

◇事例内容

次の事業用資産を後継者に承継させたい。	
機械装置 ：	600万円
車　　両 ：	200万円
建　　物 ：	2,500万円
土　　地 ：	7,000万円
借入金 ：	−3,000万円
合　　計	7,300万円

※それぞれ金額を時価（財産評価額と同額）と仮定しています。

■影　響

	父	子
資金負担	なし	なし
税金負担	なし	1,560万円[注]
借入金	承継できません	－

（注）① （600万円＋200万円＋2,500万円＋7,000万円）−2,500万円
　　　　＝7,800万円
　　　② ①×20％＝1,560万円
　　　※贈与時のみの税額となります。

■力　点
次の点により，相続時精算課税贈与による承継をお勧めしました。
① 承継にあたり，子に資金負担をさせたくない。
② 借入金を子に承継させる必要はない。
③ 贈与時に子の税金負担を少なくさせてあげたい。

■論点整理
□父
① 現金を手にすることはできません。
② 税金負担はありません。

□子（後継者）
① 買取資金を準備する必要はありません。
② 税金負担が必要となります。
③ 暦年贈与に比べて贈与時の税金の負担が少なくなる可能性があります。

□ポイント
　相続時精算課税贈与における贈与税率は特別控除額（2,500万円）を超える部分について20％の税率が適用されるため，暦年贈与に比べ贈与時の税率が低くなる可能性がありますが，相続時には他の相続財産と合算され相続税が課税されることとなります。暦年贈与の贈与税率も相続税率も超過累進税率となりますが，相続税率のほうが緩やかな累進税率となりますので，相続税率のほうが税金の負担が少なくなる可能性がある場合には，暦年贈与よりも低い税金の負担にて生前に財産を承継することが可能です。

(4) 納税猶予制度
　① ポイント
・適用要件が多いです。
・税負担が著しく軽減されます。

　② 制度概要
　納税猶予制度は，一定の要件に該当した場合に相続税，贈与税の納税が猶予される制度で，特定の資産に限り認められています。
【農地等の納税猶予制度】（措法70の6）
　農業を営んでいた被相続人等から一定の相続人が一定の農地等を相続や遺贈によって取得し，農業を営む場合などには，一定の要件のもとにその取得した農地等の価額のうち農業投資価格による価額を超える部分に対応する相続税額は，その取得した農地等について相続人が農業の継続などを行っている場合に限り，その納税が猶予されます。
【非上場株式等の納税猶予制度】（措法70の7の2）
　後継者である相続人等が，相続・贈与などにより，経済産業大臣の認定を受ける非上場会社の株式等を先代経営者である被相続人・贈与者から取得し，その会社を経営していく場合には，その経営承継相続人等が納付すべき相続税または贈与税のうち，その非上場株式等に係る課税価格のうち一定の金額に対応する相続税または贈与税の納税が猶予されます。

【山林の納税猶予制度】（措法70の6の4）

　特定森林経営計画が定められている区域内に存する山林を有していた一定の被相続人から相続または遺贈により特例施業対象山林の取得をした一定の相続人が，自ら山林の経営を行う場合には，その林業経営相続人が納付すべき相続税のうち，特例山林に係る課税価格の80％に対応する相続税の納税が猶予されます。

【医療法人の持分の納税猶予制度】（措法70の7の8）

　相続人等が，医療法人の持分を被相続人から相続などにより取得した場合において，その医療法人が相続税の申告期限において認定医療法人であるときは，納付すべき相続税のうち，この特例の適用を受ける持分の価額に対応する相続税については，一定の要件を満たすことにより，認定移行計画に記載された移行期限まで，その納税が猶予されます。

③　必要な手続き

　それぞれの特例により手続きは異なることとなりますが，いずれの特例においても，申告書を申告期限までに提出することや猶予税額などに見合う担保の提供などが必要となります。

④　免除される場合

　それぞれの猶予税額については，相続人が死亡した場合など（医療法人の持分の納税猶予制度については，認定医療法人の持分のすべてを放棄する場合など）には免除されることとなりますが，免除されるまでに一定の事由などが生じたときには猶予税額の全部または一部を利子税と併せて納付する必要があります。

3　後継者への承継（その他の制度の活用）

(1) 買換え（交換）特例の活用
① 概　要
　個人が，一定の要件を満たす土地建物等（譲渡資産）を譲渡して，一定期間内に一定の要件を満たす土地建物等（買換資産）を取得したときは，一定の要件のもと，譲渡益の一部に対する課税を将来に繰り延べることができます（譲渡益が非課税となるわけではありません）。

　買換え（交換）特例には下記の種類があります。
- 固定資産の交換の場合の譲渡所得の特例（所法58）
- 収用等に伴い代替資産を取得した場合（措法33）
- 居住用財産の買換え（措法36の2～5）
- 特定の事業用資産の買換え（措法37～37の9の5）

② 居住用財産の買換え
【主な要件】
(a)　譲渡資産と買換資産は日本国内にあり，売却代金が1億円以下。
(b)　居住期間が10年以上で，かつ，所有期間が10年を超えるもの。
(c)　親子や夫婦など特別の関係がある人に対して売ったものではない。

【手続き】
次の書類を添えて確定申告をすることが必要です。
(a)　譲渡所得の内訳書（確定申告書付表兼計算明細書）[土地・建物用]
(b)　売った資産，買い換えた資産の登記事項証明書
(c)　旧住民票（除票）の写し，新住民票の写し
(d)　売買契約書の写し

【計算方法】
(a)　譲渡資産≦買換資産　譲渡益全額が繰り延べ

(b) 譲渡資産＞買換資産　譲渡益のうち，買換資産の金額を超過する部分について課税が発生し，譲渡益の残額が繰り延べ

③　特定の事業用資産の買換え
【主な要件】
(a) 譲渡資産と買換資産とが，一定の組み合わせに当てはまるもの。
(b) 買換資産（土地等）が譲渡した土地等の面積の5倍以内。

【手続き】
次の書類を添えて確定申告をすることが必要です。
(a) 譲渡所得の内訳書（確定申告書付表兼計算明細書）［土地・建物用］
(b) 買換資産の登記事項証明書
(c) 市区町村長等の証明書など

【計算方法】
譲渡所得の金額は，原則として次の算式によって計算します（課税割合が20％の場合）。
(a) 譲渡資産≦買換資産
　　イ　譲渡資産の譲渡価額×0.2
　　ロ　（譲渡資産の取得費＋譲渡費用）×0.2
　　ハ　イ－ロ
(b) 譲渡資産＞買換資産
　　イ　譲渡資産の譲渡価額－買換資産の取得価額×0.8
　　ロ　（譲渡資産の取得費＋譲渡費用）×（収入金額÷譲渡資産の譲渡価額）
　　ハ　イ－ロ

◇居住用財産の買換えと特定の事業用資産の買換え

特　例	居住用財産の買換え	特定の事業用資産の買換え
対象資産	居住用財産	事業用資産
要　件	買換え	買換え
課税割合	－	20％

(2) 小規模宅地の特例の活用（措法69の4）
① 概　要

被相続人等の事業の用または居住の用に供されていた宅地等のうち，一定の選択をしたもので限度面積までの部分については，相続税の課税価格に算入すべき価額の計算上，一定の割合を減額します。

なお，相続開始前3年以内に贈与により取得した宅地等や相続時精算課税に係る贈与により取得した宅地等については，この特例の適用を受けることはできません。

◇減額される割合

相続の開始の日が「平成27年1月1日以後」の場合					
相続開始の直前における宅地等の利用区分				要件	限度面積	減額される割合
被相続人等の事業の用に供されていた宅地等	貸付事業以外の事業用の宅地等		①	特定事業用宅地等に該当する宅地等	400m²	80%
	貸付事業用の宅地等	一定の法人に貸し付けられ，その法人の事業（貸付事業を除く）用の宅地等	②	特定同族会社事業用宅地等に該当する宅地等	400m²	80%
			③	貸付事業用宅地等に該当する宅地等	200m²	50%
		一定の法人に貸し付けられ，その法人の貸付事業用の宅地等	④	貸付事業用宅地等に該当する宅地等	200m²	50%
		被相続人等の貸付事業用の宅地等	⑤	貸付事業用宅地等に該当する宅地等	200m²	50%
被相続人等の居住の用に供されていた宅地等			⑥	特定居住用宅地等に該当する宅地等	330m²	80%

◇限度面積の判定

特例の適用を選択する宅地等	限度面積
特定事業用等宅地等（①または②）および特定居住用宅地等（⑥） （貸付事業用宅地等がない場合）	（①＋②）≦400m² ⑥≦330m² 両方を選択する場合は，合計730m²
貸付事業用宅地等（③，④または⑤）およびそれ以外の宅地等（①，②または⑥） （貸付事業用宅地等がある場合）	（①＋②）×200/400＋⑥×200/330＋（③＋④＋⑤）≦200m²

② 特定事業用宅地等

被相続人等の事業（貸付事業を除きます）の用に供されていた宅地等で，それぞれに掲げる要件のすべてに該当する被相続人の親族が相続または遺贈により取得したものをいいます。

◇特定事業用宅地等の要件

区　分		特例の適用要件
被相続人の事業の用に供されていた宅地等	事業承継要件	その宅地等の上で営まれていた被相続人の事業を相続税の申告期限までに引き継ぎ，かつ，その申告期限までその事業を営んでいること。
	保有継続要件	その宅地等を相続税の申告期限まで有していること。
被相続人と生計を一にしていた被相続人の親族の事業の用に供されていた宅地等	事業継続要件	相続開始の直前から相続税の申告期限まで，その宅地等の上で事業を営んでいること。
	保有継続要件	その宅地等を相続税の申告期限まで有していること。

③ 貸付事業用宅地等

被相続人等の貸付事業の用に供されていた宅地等で，次表の区分に応じ，それぞれに掲げる要件のすべてに該当する被相続人の親族が相続または遺贈により取得したものをいいます。

◇貸付事業用宅地等の要件

区　分		特例の適用要件
被相続人の貸付事業の用に供されていた宅地等	事業承継要件	その宅地等に係る被相続人の貸付事業を相続税の申告期限までに引き継ぎ，かつ，その申告期限までその貸付事業を行っていること。
	保有継続要件	その宅地等を相続税の申告期限まで有していること。
被相続人と生計を一にしていた被相続人の親族の貸付事業の用に供されていた宅地等	事業継続要件	相続開始の直前から相続税の申告期限まで，その宅地等に係る貸付事業を行っていること。
	保有継続要件	その宅地等を相続税の申告期限まで有していること。

④ 特定居住用宅地等

被相続人等の居住の用に供されていた宅地等で，次の区分に応じ，それぞれに掲げる要件に該当する被相続人の親族が相続または遺贈により取得したものをいいます。

◇特定居住用宅地等の要件

区　分	特例の適用要件	
	取得者	取得者等ごとの要件
被相続人の居住の用に供されていた宅地等	被相続人の配偶者	「取得者ごとの要件」はありません。
	被相続人と同居していた親族	相続開始の時から相続税の申告期限まで，引き続きその家屋に居住し，かつ，その宅地等を相続税の申告期限まで有している人
	被相続人と同居していない親族	①から③のすべてに該当する場合で，かつ，次の④および⑤の要件を満たす人 ① 相続開始の時において，被相続人もしくは相続人が日本国内に住所を有していること，または，相続人が日本国内に住所を有しない場合で日本国籍を有していること ② 被相続人に配偶者がいないこと ③ 被相続人に，相続開始の直前においてその被相続人の居住の用に供されていた家屋に居住していた親族でその被相続人の相続人（相続の放棄があった場合には，その放棄がなかったものとした場合の相続人）である人がいないこと ④ 相続開始前3年以内に日本国内にあるその人またはその人の配偶者の所有する家屋（相続開始の直前において被相続人の居住の用に供されていた家屋を除きます）に居住したことがないこと ⑤ その宅地等を相続税の申告期限まで有していること
被相続人と生計を一にする被相続人の親族の居住の用に供されていた宅地等	被相続人の配偶者	「取得者ごとの要件」はありません。
	被相続人と生計を一にしていた親族	相続開始の直前から相続税の申告期限まで引き続きその家屋に居住し，かつ，その宅地等を相続税の申告期限まで有している人

（注1）二世帯住宅に居住していた場合
　　　　二世帯住宅が構造上区分されていても，区分所有建物登記がされている建物を除き，一定の要件を満たす場合には，その敷地全体について適用できるようになりました。
（注2）老人ホームなどに入居または入所していた場合
　　　　一定の要件を満たす場合には，特例の適用ができるようになりました。

⑤ 特例を受けるための手続き

主に次の書類を添えて確定申告をすることが必要です。

(a) 被相続人のすべての相続人を明らかにする戸籍の謄本

(b) 遺言書の写しまたは遺産分割協議書の写し

(c) 相続人全員の印鑑証明書（遺産分割協議書に押印したもの）

(d) 住民票の写し（特定居住用宅地等）

◇小規模宅地等についての課税価格の計算明細書

(3) **信託の活用**

① 信託の種類

信託とは，委託者が信託行為によってその信頼できる人に対して，金銭や土地などの財産を移転し，受託者は委託者が設定した信託目的に従って受益者のためにその財産（信託財産）の管理・処分などをする制度です。信託の種類は次のものに分類されます。

> (a) 自益信託：自分の死後，子を受益者とあらかじめ定めておくことにより遺言と同様の効果（遺言代用信託）
> (b) 他益信託
> (c) 自己信託（信託宣言）
> (d) 目的信託：受益者の定めがない信託

◇**信託の仕組み**

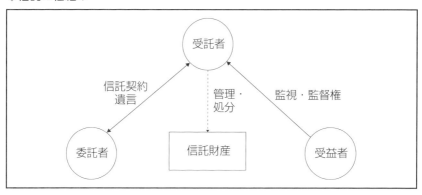

② 信託の開始・終了

【信託の開始】（信託法４）

(a) 契約による場合：信託契約締結時
(b) 遺言による場合：遺言者の死亡時
(c) 信託宣言による場合（公正証書によって行う必要があります）：公正証書作成時

【信託の終了】（信託法163, 164）

信託は次の事由（主なものを例示）に該当したときに終了します。
(a) 信託の目的を達成したとき，または達成することができなくなったとき
(b) 受託者が信託を終了させたとき

③ 信託の手続き

信託契約書を作成する必要があります。

また，不動産を信託の目的とした場合には，所有権移転登記と併せて，信託の登記を行う必要があります。

④ 会計上の取扱い

受託者は信託帳簿（貸借対照表，損益計算書等）を作成する必要があります。

⑤ 税務上の取扱い

税務上は次の3つの類型に区分されることとなります。
(a) 受益者等課税信託：受益権が移転する時に課税されます。
(b) 証券投資信託等：受託者に信託収入が分配された時点で受益者に課税されます。
(c) 法人課税信託：受託者に法人税が課税されます。

⑥ 信託のメリット

信託のメリットとしては次のようなものが考えられます。
(a) 所有者から管理権を法的に分離することができる。
(b) 受益権をあらかじめ指定された順に承継される旨を設定できる。
(c) 財産を自由に切り分けることができる。
　　（例）　株式（議決権と配当請求権）・不動産（所有権と収益権）

事例 信託の活用

Q 株式の承継は事前に行いたいが、後継者に経営をすべて任せるには不安がある場合、どのような方法が考えられますか。

A 信託を活用すれば財産権と議決権を切り離すことが可能です。

◇事例内容

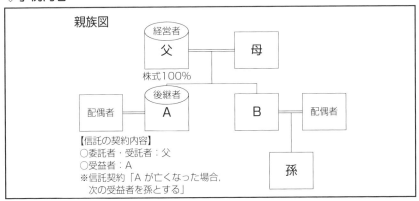

■影響

信託を活用することにより、財産権と議決権を切り離すことが可能となります。また、「後継ぎ遺贈型受益者連続信託」とすることにより、一定の期間に限り、受益者の有する信託受益権がその受益者の死亡により、あらかじめ指定された者に順次承継されることとなります。

■力　点

次の点により，信託の活用による承継をお勧めしました。
① 議決権は経営者（父）に残し，財産権を先に後継者（A）へ承継させたい。
② Aが亡くなった場合，Aの配偶者でなく孫に承継させたい。
※自分の死後のことかもしれない。

■論点整理

□受益者連続型信託

信託の設定において，受益者が亡くなった際，他の者が新たな受益者となることを定めることが認められています。父が設定する信託にて，子供と孫を受益者として指定することが可能です。

なお，相続税法では，受益権が移転する都度，相続・贈与があったものとして課税されることとなります。

□信託受益権の評価

信託受益権は，原則として信託財産の価額により評価しますが，元本の受益者と収益の受益者が異なる場合には，次のようにそれぞれを評価します。

(a) 元本受益権：信託財産の価額－収益受益権の価額
(b) 収益受益権：受益金額に受益の時期までの期間に応ずる基準年利率による複利現価率を乗じて計算した金額

(4) 一般社団法人および一般財団法人の活用

① 一般社団法人・一般財団法人とは

社団法人とは人の集合体であり,財団法人とは財産の集合体をいいます。
「一般社団法人及び一般財団法人に関する法律」に基づいて設立された社団法人や財団法人を一般社団法人や一般財団法人と呼びます。

◇一般社団法人と一般財団法人

	一般社団法人	一般財団法人
構成要素	社員（人）	財産
意思決定機関	社員総会	評議員会
業務執行機関	理事会	理事会
出資者	なし	なし
解散時の残余財産の帰属	定款で定めた者	寄附行為で指定した者

② 税制上の取扱い

一般社団法人および一般財団法人は次の3区分に分類されます。

- 公益社団法人および公益財団法人：公益法人等
- 一般社団法人および一般財団法人（非営利型）：公益法人等
- 一般社団法人および一般財団法人（非営利型以外）：普通法人

◇非営利型法人の要件

類　型	要　件
① 非営利性が徹底された法人 （法法2九のニイ,法令3①）	1　剰余金の分配を行わないことを定款に定めていること。 2　解散したときは,残余財産を国・地方公共団体や一定の公益的な団体に贈与することを定款に定めていること。 3　上記1および2の定款の定めに違反する行為（上記1,2および下記4の要件に該当していた期間において,特定の個人または団体に特別の利益を与えることを含みます）を行うことを決定し,または行ったことがないこと。 4　各理事について,理事とその理事の親族等である理事の合計数が,理事の総数の3分の1以下であること。
② 共益的活動を目的とする法人 （法法2九のニロ,法令3②）	1　会員に共通する利益を図る活動を行うことを目的としていること。 2　定款等に会費の定めがあること。 3　主たる事業として収益事業を行っていないこと。 4　定款に特定の個人または団体に剰余金の分配を行うことを定めていないこと。 5　解散したときにその残余財産を特定の個人または団体に帰属させることを定款に定めていないこと。 6　上記1から5までおよび下記7の要件に該当していた期間において,特定の個人または団体に特別の利益を与えることを決定し,または与えたことがないこと。 7　各理事について,理事とその理事の親族等である理事の合計数が,理事の総数の3分の1以下であること。

③ 設立手続き
- 一般社団法人：登記手続きのみで設立できます。
  資本金は必要ありません。
- 一般財団法人：登記手続きのみで設立できます。
  財産（300万円以上）の拠出（寄附）が必要です。

④ メリット

【出資者がいない】

一般社団法人や一般財団法人には出資者が存在せず，出資持分がありません。したがって，一般社団法人や一般財団法人で事業を行い，利益が蓄積したとしても相続財産を構成せず，相続税の課税は行われないこととなります。

【公益法人等に該当する場合】

公益社団法人や公益財団法人に対して寄附をした場合には，所得税や相続税が課税されないこととなります。

※ 贈与税等が不当に減少する場合には，法人に贈与税等が課税されることがあります。

また，収益事業のみに課税され，収益事業以外の公益目的事業に対しては法人税等も課税されないこととなります。

⑤ 活用方法

資産を一般社団法人や一般財団法人へ移転することにより，資産を相続財産から除外することが可能となります。

事例　社団法人の活用

Q 相続税の心配をせずに不動産を承継していく方法はありませんか。

A 一般社団法人を設立して不動産を売却することにより，不動産収益については相続税が課税されず，不動産を保有し続けることが可能です。（売却代金には相続税が課税されます。）

◇**事例内容**

■**影　響**

　一般社団法人への承継の際，時価により譲渡をする場合には単純売却となり，父に譲渡所得税の課税が生じることとなります。

■**力　点**

　本ケースでは，後継者へ不動産の承継をすることは決まっていましたが，今後の相続税負担の不安を後継者に持たせたくないというニーズがありました。そこで，持分の定めのない一般社団法人に不動産を売却し，今後は後継者が一般社団法人の理事長として間接的に不動産を所有することをお勧めしました。

■**各種論点**

□不動産の移転時の価額

　財産評価基本通達に基づく評価額を基礎として考えます（第3章参照）。

□時価を下回る価格にて承継する場合（所法59，相法66）

　低額譲渡（時価の2分の1未満の対価）や贈与をした場合にも，時価により譲渡したものとみなされ，父に譲渡所得税の課税が生じることとなります。

　また，父の親族その他これらの者と特別の関係がある者の相続税または贈与税の負担が不当に減少する結果になると認められるときは，その社団を個人とみなして，これに贈与税または相続税が課税されることとなります（法人税等が課税される場合には，贈与税または相続税の額から法人税等の額を控除）。このため，時価を下回る価格にて譲渡する場合には，不当に減少する結果とならないように，一定の要件を満たす必要があります。

□公益法人に対する承継

　個人が法人に財産を寄附したときであっても，公益を目的とする事業を行う法人に対して財産を寄附した場合で，一定の要件に該当することについて国税庁長官の承認を受けたときは，譲渡所得税が課税されません。そこで，一般社団法人ではなく，公益社団法人とすることにより，譲渡所得税が軽減できます。ただし，運営について自由度がなくなりますので，制度の設計には留意が必要となります。

(5) 海外税制の活用
　① 相続税・贈与税の納税義務者
　相続税および贈与税の納税義務者は次のとおりです。

◇相続税・贈与税の納税義務者と課税範囲（相法1の3〜2の2）

相続人／受贈者 被相続人／贈与者		国内居住		国外居住		
			在留資格による一時的滞在	日本国籍あり		日本国籍なし
				10年以内に国内に住所あり	左記以外	
国内居住	在留資格による一時的滞在	国内・国外財産に課税	国内財産のみに課税	国内・国外財産に課税	国内財産のみに課税	
国外居住	10年以内に国内に住所あり					
	上記以外		国内財産のみに課税		国内財産のみに課税	

（注）「平成29年度税制改正大綱」に基づき記載しています。

　したがって，日本国籍がある場合には，次の2点を満たしていると日本の相続税および贈与税の納税義務者から外れることとなります。

- 10年を超えて日本に住所なし
- 国内財産がない

　② 海外税制

　日本の相続税や贈与税の納税義務者から外れ，海外居住者となる場合には，居住地の税制に留意する必要があります。
　海外の税制は各国それぞれですが，相続税・贈与税のない代表的な国は次のとおりです。

　　シンガポール，香港，オーストラリア

③ 海外移住について

海外居住者となるためには，海外に移住する必要があります。

海外移住の際には次のような点にも留意が必要です。

- 言語
- 物価
- ビザ・在留資格・永住権
- 社会保険制度
- 住民税

税金では優遇されていても，物価や社会保険等を総合的に判断すると，日本に居住するよりも生活費がかかる場合もあります。

④ 国外転出をする場合の譲渡所得等

平成27年7月1日以後に国外転出をする一定の居住者が1億円以上の対象資産を所有等している場合には，その対象資産の含み益に所得税および復興特別所得税が課税されます。

また，1億円以上の対象資産を所有等している一定の居住者から，国外に居住する親族等へ贈与，相続または遺贈によりその対象資産の一部または全部の移転があった場合にも，対象資産の含み益に所得税および復興特別所得税が課税されることとなります。

なお，一定の手続きをすることで，納税猶予制度や税額の減額などの措置を受けることができます。

★ワンポイントアドバイス☆　国外財産調書と情報交換規定

1．国外財産調書

　国外財産調書の提出制度は，近年，国外財産の保有が増加傾向にある中で，国外財産に係る課税の適正化が喫緊の課題となっていることなどを背景として，国外財産を保有する者がその保有する国外財産について申告するための調書です。具体的には，その年の12月31日においてその価額の合計額が5,000万円を超える国外財産を保有する居住者が，その年の翌年の3月15日までに当該国外財産の種類，数量および価額その他必要な事項を記載した「国外財産調書」を提出しなければならないこととされています。

2．情報交換規定

　租税条約等に基づく情報交換には，「要請に基づく情報交換」，「自発的情報交換」および「自動的情報交換」の3つの類型があります。近年では，企業や個人の海外取引や海外資産の保有・運用形態が複雑・多様化しているため，国際的な脱税および租税回避行為に対処するための国際協力の機運が一層高まってきており，租税条約等に基づく外国税務当局との情報交換が積極的に活用されています。

3．国税庁の対応

　近年，個人投資家による海外投資や企業の海外取引が増加するなど，経済社会がますます国際化しており，富裕層や海外取引のある企業による，海外への資産隠しのほか，国外で設立した法人や各国の税制・租税条約の違いを利用して税負担を軽減する等の国際的な租税回避行為に対して，国民の関心が大きく高まっています。それらを背景に税務当局は，課税上問題がある場合には，積極的に調査等を実施するなど適切に対処していくこととしていますので，今後はさらに留意が必要となります。

◇国外財産調書

		FA5102

平成　年12月31日分　　国外財産調書

整理番号

国外財産を有する者	住所又は事業所、事務所、居所など	
	氏名	
	個人番号	電話番号（自宅・勤務先・携帯）

国外財産の区分	種類	用途	所在		数量	価額（上段は有価証券等の取得価額）	備考
			国名				
						円	
						円	
		合　計　額				合計表㉘へ	

（摘要）

（　）枚のうち（　）枚目　　通信日付印（年月日）（　・　・　）

提出用　平成二十八年十二月三十一日分以降用

事例　海外税制の活用

Q 日本の相続税・贈与税負担を軽減するためのよいアプローチはありますか。

A 一家で海外に生活拠点を移すことにより，日本の相続税・贈与税を軽減することが可能となります。

◇**事例内容**

■**影　響**

父と子がともに10年を超えて海外に居住することとなる場合には，国外財産については日本での相続税および贈与税が課税されないこととなります。

しかしながら，国外に移住する際，国外転出時課税が生じる可能性があるため，国外転出時においては財産構成に留意する必要があります。

■**力　点**

本ケースでは，一家の生活の拠点が海外となっていることもあり，永住を検討されていたため，永住後に資産承継することをお勧めしました。

■**各種論点**

財産の所在の判定は，次によります。

◇**財産の所在**

財産の種類	所在の判定
動産	その動産の所在による。
不動産または不動産の上に存する権利 船舶または航空機	その不動産の所在による。 船籍または航空機の登録をした機関の所在による。
鉱業権，租鉱権，採石権	鉱区または採石場の所在による。
漁業権または入漁権	漁場に最も近い沿岸の属する市町村またはこれに相当する行政区画による。
預金，貯金，積金または寄託金で次に掲げるもの (1) 銀行，無尽会社または株式会社商工組合中央金庫に対する預金，貯金または積金 (2) 農業協同組合，農業協同組合連合会，水産業協同組合，信用協同組合，信用金庫または労働金庫に対する預金，貯金または積金	その受入れをした営業所または事業所の所在による。
生命保険契約または損害保険契約などの保険金	これらの契約を締結した保険会社の本店または主たる事務所の所在による。
退職手当金等	退職手当金等を支払った者の住所または本店もしくは主たる事務所の所在による。
貸付金債権	その債務者の住所または本店もしくは主たる事務所の所在による。
社債，株式，法人に対する出資または外国預託証券	その社債もしくは株式の発行法人，出資されている法人，または外国預託証券に係る株式の発行法人の本店または主たる事務所の所在による。
合同運用信託，投資信託および外国投資信託，特定受益証券発行信託または法人課税信託に関する権利	これらの信託の引受けをした営業所または事業所の所在による。
特許権，実用新案権，意匠権，商標権等	その登録をした機関の所在による。
著作権，出版権，著作隣接権	これらの権利の目的物を発行する営業所または事業所の所在による。
上記財産以外の財産で，営業上または事業上の権利（売掛金等のほか営業権，電話加入権等）	その営業所または事業所の所在による。
国債，地方債	国債および地方債は，法施行地（日本国内）に所在するものとする。外国または外国の地方公共団体その他これに準ずるものの発行する公債は，その外国に所在するものとする。
その他の財産	その財産の権利者であった被相続人の住所による。

> **Column** 資産課税と所得課税

　承継された資産についての相続税（資産課税）と所得税（所得課税）の関係をみると，相続税法が相続財産の資産価値に対して課税し，所得税法は相続財産のキャピタル・ゲイン（所得）に対して課税しており，実務上は，両者に「二重課税は存在しない」と整理されてきました。

　しかしながら，「生保年金二重課税事件」（最高裁平成22年7月6日判決）では，生保年金の取扱いにつき二重課税の存在を認めたものといえるため，相続税と所得税の関係についての従来の理解に根本的な疑義を投げかけています。

　この考え方をもとにすると，相続税と所得税の課税を整合的に対応させるには，すべての資産について相続発生時点においてそれらの資産に含まれる未実現利益が実現した場合の所得税額を控除するなどの調整をする必要があるのではないかといった，資産課税／所得課税制度に対する疑義が生じてきています。

　今後，どのように両者のバランスを調整するのか明確にはされていないところですが，一般の納税者が理解できるような制度になることを期待して待ちたいと思います。

第3章
資産評価手法

1 時価の意義

(1) 民法,商法における時価

商法では一部時価主義を採用しており,資産の評価において「時価」を用いることとされていますが,「時価」の定義規定は置かれておらず,民法においても「時価」の用語は用いているものの,その定義規定は置かれていません。

(2) 会計基準における時価

金融商品などについて「時価」により評価を行うこととされています。「時価」とは,「公正な評価額をいい,市場において形成されている取引価格,気配又は指標その他の相場(以下「市場価格」という。)に基づく価額をいう。市場価格がない場合には合理的に算定された価額を公正な評価額とする。」(金融商品会計基準第6項)と定義されています。

(3) 租税法における時価

① 法人税法上の時価

益金の認識は「時価」をもって行うことを法人税法第22条で包括的に定義されています。しかし,具体的な「時価」の算出方法は示されていません。基本的には「独立した第三者間において設定されるであろう価格」が妥当なものとして判断される基準となります。

② 所得税法上の時価

所得税法上の収入金額の認識は「対価」をもって行い,一部において「時価」により所得課税を行うこととされています。その場合における「時価」の解釈は法人税法と同じとされています。

③　相続税法上の時価

相続税・贈与税の課税標準は「財産の価額」となります。

◇相続税法第22条

> （評価の原則）
> 第22条　この章で特別の定めのあるものを除くほか，相続，遺贈又は贈与により取得した財産の価額は，当該財産の取得の時における時価により，当該財産の価額から控除すべき債務の金額は，その時の現況による。

◇財産評価基本通達

> （評価の原則）
> 1　財産の評価については，次による。（平3課評2―4外改正）
> 　(2)　時価の意義
> 　　財産の価額は，時価によるものとし，時価とは，課税時期（中略）において，それぞれの財産の現況に応じ，不特定多数の当事者間で自由な取引が行われる場合に通常成立すると認められる価額をいい，その価額は，この通達の定めによって評価した価額による。

④　租税法上の時価

　所得課税における財産評価と相続税法における財産評価は本来は同質であると考えられますが，法人税法・所得税法における取引には主観的価値が根底に存在する一方，現状，相続税法における時価は客観的価値となっています。相続税法における時価がそのまま所得課税においても採用できるように評価通達があるべきですが，現状は両者を同様に適用できるものとはなっていません。しかしながら，実務においては，「時価」の算定の場面においては，財産評価基本通達による評価に基づき行っているのが現状となります。

☆ワンポイントアドバイス★　遺産分割時の時価

　民法における財産の評価額については,「被相続人が相続開始の時において有した財産の価額」(民法第903条(特別受益),民法第904条の2(寄与分),民法第1029条(遺留分))とされています。
　一方,遺産分割においては相続開始時ではなく,遺産分割時の時価により評価することが一般的とされています。評価方法については,相続税法における評価額でなく鑑定評価額などが採用されることも一般的です。
　しかしながら,遺産分割は相続人全員の同意で成立しますので,財産の評価額についても相続人全員が納得すればよく,必ず,こうして評価しなければいけないというものではありません。

☆ワンポイントアドバイス★　固定資産の交換における時価
（所基通58-12）

　固定資産を交換した場合において，交換の特例の適用を受けるための要件の1つに次のものがあります。

> （取得資産の時価＜譲渡資産の時価と仮定）
> （譲渡資産の時価－取得資産の時価）≦譲渡資産の時価×20％

　この場合の時価は，一般的には通常成立すると認められる取引価額（実勢価額）をいいますが，交換に至る経緯などからみて，実勢価額とはかけ離れた価額で合意される場合があります。

　このような場合であっても，交換当事者が合意した価額がその交換をするに至った事情などからみて合理的に算定されていると認められる場合には，その合意された価額が実勢価額と異なるときであっても，交換の特例を適用するにあたり基準とする交換時の時価は，その当事者の合意した価額によるべきものと考えられています。

　しかしながら，相手方に利益を与えようとすることが明らかな場合や明らかに贈与の意思をもって著しく異なる価額によることとなる場合には，採用することはできません。

2　土地および土地の上に存する権利①

(1) 通　則

① 評価区分および単位（財基7, 7-2）

　土地はその利用形態によって，宅地，田，畑，山林などの地目に区分され，それぞれの評価単位ごとに評価することとなります。なお，一体となって利用されている一団の土地が2以上の地目からなる場合には，主たる地目にて評価します。

評価上の区分 （地目）	評価単位	評価方式
宅地	利用の単位となっている1画地の宅地	路線価方式または倍率方式
田	耕作の単位となっている1区画の農地	倍率方式または宅地比準方式
畑	耕作の単位となっている1区画の農地	
山林	1筆の山林	
原野	1筆の原野	
牧場	1筆の牧場	
池沼	1筆の池沼	
鉱泉地	1筆の鉱泉地	
雑種地	同一の目的に供されている一団の雑種地	

② 地　積（財基8）

　土地の評価において通常使用する地積は，固定資産税の土地課税台帳地積（または登記簿謄本の地積）ですが，実測すると異なる場合があります。その場合には，課税時期における実際地積を使用します。

◇宅地の評価単位

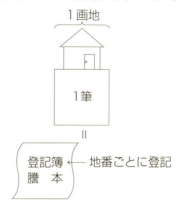

・1画地が1筆の土地からなっている場合

・1画地が数筆の土地からなっている場合

◇土地の評価のための準備資料

- ☐ 登記簿謄本（登記事項証明書）
- ☐ 測量図
- ☐ 公図
- ※ 上記資料のほか，現地を訪れ，土地の利用状況，路線の状況等，評価に影響する事項の確認を行う必要があります。

(2) 宅地の評価（財基11）

　宅地の評価方式としては，原則として，路線価方式と倍率方式の2つがあります。どちらの方式を採用するかは，各国税局の定める「財産評価基準書」によることになります。

　路線価方式は，評価対象の土地に接する道路に設定されている路線価（1㎡当たりの標準価額）に，その土地の状況に合わせて画地調整（加算・減算）を施してから，その地積を乗じて求めた金額によって，1画地ごとの宅地を評価する方法です。

　倍率方式は，固定資産税評価額に国税局長が定める倍率を乗じて計算した金額によって評価する方法です。

　これらが自用地としての評価の算式となります。

◇路線価方式（財基14）

```
市街地形成地域：路線価方式

　路線価 × 画地調整率※ × 地積

　※奥行価格補正
　　側方路線影響加算
　　二方路線影響加算
　　三方または四方路線影響加算
　　不整形地補正

　国税庁HP
　「土地及び土地の上に存する権利の
　評価についての調整率表
　（平成19年分以降分）」を参照
```

◇倍率方式（財基21-2）

```
その他の地域：倍率方式

　固定資産税評価額※ × 評価倍率

　※実際地積と台帳地積が異なる場合の固定資産税評価額

　　　固定資産税評価額 × 実際地積／台帳地積
```

第3章 資産評価手法 83

◇土地及び土地の上に存する権利の評価明細書（第1表）

土地及び土地の上に存する権利の評価明細書（第1表）

（平成十六年分以降用）

局（所）	署
年分	ページ

（住居表示）	（　　　）	住所（所在地）		住所（所在地）	
所在地番		所有者 氏名（法人名）		使用者 氏名（法人名）	

地目	地積	路線価				地形図及び参考事項
宅地　田　山林　原野　畑　雑種地 [　]	㎡	正面 円	側方 円	側方 円	裏面 円	

間口距離	m	利用区分	自用地　貸家建付借地権　貸宅地　貸家建付地　転貸借地権　借地権　転借権　借家人の有する権利　私道	地区区分	ビル街地区　普通住宅地区　高度商業地区　中小工場地区　繁華街地区　大工場地区　普通商業・併用住宅地区
奥行距離	m				

自用地1平方メートル当たりの価額	1　一路線に面する宅地 　　　（正面路線価）　　　（奥行価格補正率） 　　　　　　円　×	（1㎡当たりの価額）　　　円	A
	2　二路線に面する宅地 　　　（A）　　　［側方　路線価］　（奥行価格　　（側方　路線影響加算率） 　　　　　　　　　［裏面　　　　　］　　補正率）　　　二方 　　　　　　円　＋　（　　円　×　　.　　×　0.　　）	（1㎡当たりの価額）　　　円	B
	3　三路線に面する宅地 　　　（B）　　　［側方　路線価］　（奥行価格　　（側方　路線影響加算率） 　　　　　　　　　［裏面　　　　　］　　補正率）　　　二方 　　　　　　円　＋　（　　円　×　　.　　×　0.　　）	（1㎡当たりの価額）　　　円	C
	4　四路線に面する宅地 　　　（C）　　　［側方　路線価］　（奥行価格　　（側方　路線影響加算率） 　　　　　　　　　［裏面　　　　　］　　補正率）　　　二方 　　　　　　円　＋　（　　円　×　　.　　×　0.　　）	（1㎡当たりの価額）　　　円	D
	5-1　間口が狭小な宅地等 　　　（AからDまでのうち該当するもの）　（間口狭小　（奥行長大 　　　　　　　　　　　　　　　　　　　補正率）　　補正率） 　　　　　　円　×　（　　.　　×　　.　　）	（1㎡当たりの価額）　　　円	E
	5-2　不　整　形　地 　　　（AからDまでのうち該当するもの）　　不整形地補正率※ 　　　　　　円　×　　　0. 　　※不整形地補正率の計算 　　（想定整形地の間口距離）　（想定整形地の奥行距離）　（想定整形地の地積） 　　　　　m　×　　　　m　＝　　　　㎡ 　　（想定整形地の地積）　（不整形地の地積）　（想定整形地の地積）　（かげ地割合） 　　（　　㎡　－　　　㎡）　÷　　　㎡　＝　　　％ 　　（不整形地補正率表の補正率）　（間口狭小補正率）　　（小数点以下2　　　（不整形地補正率 　　　　0.　　　　×　　0.　　＝　　0.　　　　位未満切捨て）　　　［①、②のいずれか低い率、0.6を限度とする。］ 　　（奥行長大補正率）　（間口狭小補正率） 　　　　0.　　　×　　0.　　＝　　0.	（1㎡当たりの価額）　　　円	F
	6　無　道　路　地 　　　（F）　　　　　　　　　　　　　　（※） 　　　　　　円　×　（　1　－　0.　） 　　※割合の計算（0.4を限度とする。） 　　（正面路線価）　（通路部分の地積）　（F）　（評価対象地の地積） 　　（　　円×　　㎡）÷　（　　円　×　　㎡）＝　0.	（1㎡当たりの価額）　　　円	G
	7　がけ地等を有する宅地　　［　南　、　東　、　西　、　北　］ 　　　（AからGまでのうち該当するもの）　　　　（がけ地補正率） 　　　　　　円　×　　　　　0.	（1㎡当たりの価額）　　　円	H
	8　容積率の異なる2以上の地域にわたる宅地 　　　（AからHまでのうち該当するもの）　　（控除割合（小数点以下3位未満四捨五入）） 　　　　　　円　×　（　1　－　0.　　）	（1㎡当たりの価額）　　　円	I
	9　私　　　道 　　　（AからIまでのうち該当するもの） 　　　　　　円　×　　0.3	（1㎡当たりの価額）　　　円	J
自用地の評価額	自用地1平方メートル当たりの価額 （AからJまでのうちの該当記号） （　　）　　　円	地積　　　　　　㎡	総額（自用地1㎡当たりの価額）×（地積）　　　円	K

（注）1　5-1の「間口が狭小な宅地等」と5-2の「不整形地」は重複して適用できません。
　　　2　5-2の「不整形地」の「AからDまでのうち該当するもの」欄の金額について、AからDまでの欄で計算できない場合には、（第2表）の「備考」欄等で計算してください。
　　　3　広大地を評価する場合には、（第2表）の「広大地の評価額」欄で計算してください。

（資4-25-1-A4統一）

（出典：国税庁）

事例　2以上の地区にまたがる宅地の評価

Q　宅地が2以上の異なる地区にまたがる場合はどのように評価しますか。

◇**事例内容**

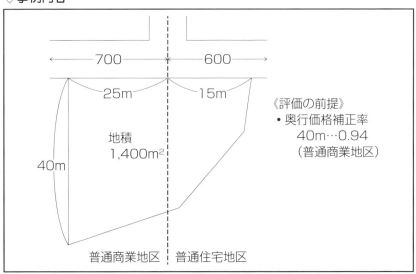

■**計算例**

□加重平均による路線価

$$\frac{700,000円 \times 25m + 600,000円 \times 15m}{25m + 15m} = 662,500円 \cdots ①$$

□評価額

　　　①　　　　　奥行価格補正率　　　地積
662,500円 ×　　　　0.94　　　× 1,400m² ＝ 871,850,000円

■**評価の考え方**

　宅地が2以上の地区にまたがる場合には，原則として，その宅地の面積により，いずれか一の地区を判定し，判定した地区の調整率を用いて

評価することになります。そのため，相談内容の場合は，普通商業・併用住宅地区の画地調整率を用いて評価することになります。

また，下の図のように，異なる地区のそれぞれの画地調整率を用いて合理的な方法により評価することができる場合には，その計算によることも可能です。

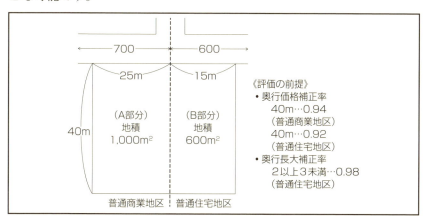

□ A部分の評価

正面路線価をもととした価額

 正面路線価 奥行価格補正率
 700,000円 × 0.94 × 1,000m² = 658,000,000円

□ B部分の評価

正面路線価をもととした価額

 正面路線価 奥行価格補正率 奥行長大補正率
 600,000円 × 0.92 × 0.98 ×600m²=324,576,000円

□合計

658,000,000円 + 324,576,000円 = 982,576,000円

■根　拠

・財産評価基本通達14
・国税庁ホームページ「質疑応答事例」

事例　特定路線価を使用しないことの合理性

Q 特定路線価が設定されている道路のみに接している宅地を評価する場合は，必ず特定路線価を使用して評価しなければならないのでしょうか。

◇事例内容

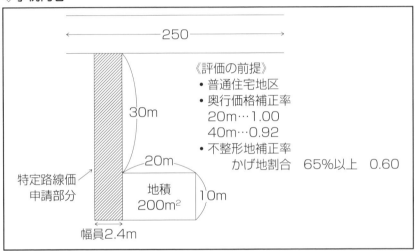

■計算例

□設定された特定路線価

　200,000円

□正面路線価をもととした価額

　　正面路線価　　奥行価格補正率
　　200,000円　×　　1.00　　＝ 200,000円…①

□評価額

　　　①　　　　　地積
　200,000円 × 200m² ＝ 40,000,000円

■評価の考え方

　特定路線価は，路線価の設定されていない道路に接続する路線および当該道路付近の路線に設定されている路線価をもとにその道路の状況，評価しようとする宅地の所在する地区の別等を考慮して評定されます。そのため，その評定において不合理と認められる特段の事情がない限り，当該特定路線価に基づく評価方法は，路線価の設定されていない道路に接続する路線に設定された路線価をもとに画地調整を行って評価する方法より合理的であると認められます。

■誤りやすい例

　誤りやすいのは，下の例のように路線価の設定されていない道路に接続する路線に設定された路線価をもとに画地調整を行って評価を行う場合です。この場合の評価額は合理的とは認められない可能性があるため注意が必要です。

　なお，当該路線価の設定されていない道路が建築基準法上の道路に該当していない等，特定路線価の設定に不合理と認められる特段の事情がある場合は，下の例のように路線価の設定されていない道路に接続する路線に設定された路線価をもとに画地調整を行って評価することが可能と考えられます。

□正面路線価をもととした価額

　　正面路線価　　奥行価格補正率　　不整形地補正率
　　250,000円　×　　0.92　　×　　0.60　　＝ 138,000円…①

□評価額

　　　①　　　　地積
　138,000円 × 200m^2 ＝ 27,600,000円（価格差▲12,400,000円）

■根　拠

・財産評価基本通達14-3
・国税不服審判所「平成24年11月13日裁決事例」

3 土地および土地の上に存する権利②

(1) 奥行価格補正（財基15）

　奥行価格補正とは，宅地のうち路線に接している場合にその土地の評価額が奥行距離に応じて調整されることをいいます。このとき，奥行距離に応じて，奥行価格補正率表に定める補正率を用いて算定します。

$$\text{正面路線価} \times \text{奥行価格補正率} \times \text{地積}$$

◇奥行価格補正率表

地区区分 奥行距離m	ビル街	高度商業	繁華街	普通商業・併用住宅	普通住宅	中小工場	大工場
4未満	0.80	0.90	0.90	0.90	0.90	0.85	0.85
4以上6未満		0.92	0.92	0.92	0.92	0.90	0.90
6〃 8〃	0.84	0.94	0.95	0.95	0.95	0.93	0.93
8〃 10〃	0.88	0.96	0.97	0.97	0.97	0.95	0.95
10〃 12〃	0.90	0.98	0.99	0.99	1.00	0.96	0.96
12〃 14〃	0.91	0.99	1.00	1.00		0.97	0.97
14〃 16〃	0.92	1.00				0.98	0.98
16〃 20〃	0.93					0.99	0.99
20〃 24〃	0.94					1.00	1.00
24〃 28〃	0.95				0.99		
28〃 32〃	0.96		0.98		0.98		
32〃 36〃	0.97		0.96	0.98	0.96		
36〃 40〃	0.98		0.94	0.96	0.94		
40〃 44〃	0.99		0.92	0.94	0.92		
44〃 48〃	1.00		0.90	0.92	0.91		
48〃 52〃		0.99	0.88	0.90	0.90		
52〃 56〃		0.98	0.87	0.88	0.88		
56〃 60〃		0.97	0.86	0.87	0.87		
60〃 64〃		0.96	0.85	0.86	0.86	0.99	
64〃 68〃		0.95	0.84	0.85	0.85	0.98	
68〃 72〃		0.94	0.83	0.84	0.84	0.97	
72〃 76〃		0.93	0.82	0.83	0.83	0.96	
76〃 80〃		0.92	0.81	0.82			
80〃 84〃		0.90	0.80	0.81	0.82	0.93	
84〃 88〃		0.88		0.80			
88〃 92〃		0.86			0.81	0.90	
92〃 96〃	0.99	0.84					
96〃 100〃	0.97	0.82					
100〃	0.95	0.80			0.80		

（出典：国税庁「土地及び土地の上に存する権利の評価についての調整率表（平成19年分以降用）」）

奥行距離は原則として，正面路線に対し，垂直的な奥行距離によりますが，奥行が一様でない場合には平均的な奥行距離により算定します。

(2) 側方路線影響加算（財基16）

宅地が正面と側方とで路線に接している場合において，その評価額が加算されることを側方路線影響加算といいます。正面路線の奥行価格補正後の価額にその側方路線に正面路線と同様の方法により奥行価格補正を行い，さらに側方路線影響加算率を用いて算定します。このときの正面路線は，実際に利用している路線であるか否かに関係なく，その宅地の接する路線の路線価に奥行価格補正率を乗じて計算した金額のいずれか高いほうの路線とします。

> （正面路線価×奥行価格補正率
> 　＋側方路線価×奥行価格補正率×側方路線影響加算率）
> 　　　　　　　　　　　　　　　　　　　　　　　×地積

◇側方路線影響加算率表

地区区分	加算率	
	角地の場合	準角地の場合
ビル街	0.07	0.03
高度商業，繁華街	0.10	0.05
普通商業・併用住宅	0.08	0.04
普通住宅，中小工場	0.03	0.02
大工場	0.02	0.01

（出典：国税庁「土地及び土地の上に存する権利の評価についての調整率表（平成19年分以降用）」）

(3) 二方路線影響加算（財基17）

　宅地が，正面と裏面とで路線に接している場合において，評価額が加算されることを二方路線影響加算といいます。正面路線の奥行価格補正後の価額にその裏面路線に正面路線と同様の方法で奥行価格補正を行い，さらに二方路線影響加算率を用いて算定した価額を加算します。一般的に２つの道に接する土地は利便性に優れるので，評価額が高まるためです。

> （正面路線価×奥行価格補正率
> 　＋裏面路線価×奥行価格補正率×二方路線影響加算率）
> 　　　　　　　　　　　　　　　　　　　　　　×地積

◇二方路線影響加算率表

地区区分	加算率
ビル街	0.03
高度商業，繁華街	0.07
普通商業・併用住宅	0.05
普通住宅，中小工場　大工場	0.02

（出典：国税庁「土地及び土地の上に存する権利の評価についての調整率表（平成19年分以降用）」）

(4) 三方または四方路線影響加算（財基18）

　宅地が，三方または四方に囲まれている場合に評価額が加算されることをいいます。その算定は，側方路線影響加算率と二方路線影響加算率を用います。これは，接している道路が三方，四方と多いことから，さらに利便性が高まり評価額が高くなるためです。

（正面路線価×奥行価格補正率
　　＋側方路線価×奥行価格補正率×側方路線影響加算率
　　＋裏面路線価×奥行価格補正率×二方路線影響加算率）
　　　　　　　　　　　　　　　　　　　　　　　　×地積

事例　角切の部分のみに接道している宅地の評価

Q　角切の部分のみに接道している宅地はどのように評価しますか。

◇事例内容

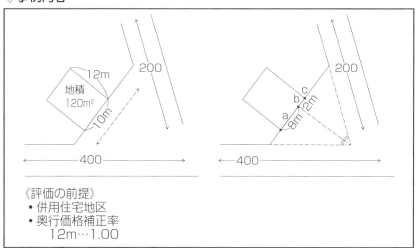

《評価の前提》
- 併用住宅地区
- 奥行価格補正率
　12m…1.00

■計算例

［計算例1］

□設定された特定路線価

　350,000円

□正面路線価をもととした価額

　　正面路線価　　奥行価格補正率　　地積
　　350,000円　×　　　1.00　　　×　120m² ＝ 42,000,000円

［計算例2］

□加重平均による正面路線価

$$\frac{(400千円 \times ab間の距離) + (200千円 \times bc間の距離)}{ab間の距離 + bc間の距離}$$

$$= \frac{(400千円 \times 8m) + (200千円 \times 2m)}{8m + 2m} = 360,000円$$

□正面路線価をもととした価額

正面路線価　　奥行価格補正率　　　地積
360,000円　×　　　1.00　　　×　120m² ＝ 43,200,000円

■ **評価の考え方**

原則的には，角切部分に特定路線価の設定を申請して，その特定路線価をもとに評価します（計算例１）。

ただし，角切部分に係る交差点において合流する２つの路線価の加重平均により正面路線価を計算し，その正面路線価をもとに評価を行うことも可能だと考えられます（計算例２）。

■ **誤りやすい例**

誤りやすいのは，下の例のように角切部分に係る交差点において合流する２つの路線価のうち，高いほうの路線価を正面路線価として評価を行う場合です。この場合だと評価額が過大に計算されてしまうので，注意が必要です。

□正面路線価をもととした価額

正面路線価　　奥行価格補正率
400,000円　×　　　1.00　　　＝ 400,000円…①

□評価額

　①　　　　　地積
400,000円 × 120m² ＝ 48,000,000円（価格差＋6,000,000円）

■ **根　拠**

- 財産評価基本通達14-3
- 国税庁ホームページ「質疑応答事例」

事例 不整形地の側方路線影響加算率の適用

Q 不整形地に係る側方路線影響加算率はどのように計算しますか。

◇事例内容

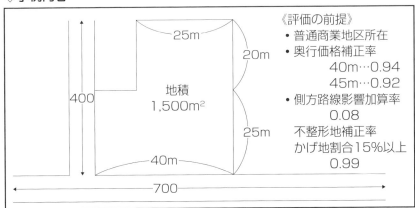

《評価の前提》
- 普通商業地区所在
- 奥行価格補正率
  40m…0.94
  45m…0.92
- 側方路線影響加算率
  0.08
  不整形地補正率
  かげ地割合15％以上
  0.99

■計算例

□正面路線価をもととした価額

　　正面路線価　　奥行価格補正率
　　700,000円　×　　0.92　　＝ 644,000円…①

□側方路線影響加算率

　　側方路線価　奥行価格補正率　側方路線影響加算率
　　400,000円 × 0.94 × 0.08 × $\dfrac{25\text{m}}{20\text{m}+25\text{m}}$ ＝ 16,711円…②

□不整形地

　　　①　　　　②　　　　不整形地補正率
　（644,000円 ＋ 16,711円）×　　0.99　　＝ 654,103円…③

□評価額

　　　③　　　　地積
　654,103円 × 1,500m² ＝ 981,154,500円

■評価の考え方

　正面と側方に路線がある宅地（いわゆる角地）は，正面路線のみに接している場合と比較して，間口が大きくなることによる利便性の向上や，日照・通風等の環境的な条件が向上することにより，価格が上昇することになります。ただし，相談内容のように評価対象地が不整形地で間口の一部のみが側方路線に接道している場合については，接道する間口距離の減少分だけ，加算額を調整して計算します。

■誤りやすい例

　誤りやすいのは，下の例のように加算額の調整をせずに計算を行う場合です。この場合だと評価額が過大に計算されてしまうので，注意が必要です。

□正面路線価をもととした価額

　　正面路線価　　奥行価格補正率
　　700,000円　×　　0.92　　　＝ 644,000円…①

□側方路線影響加算率

　　側方路線価　　奥行価格補正率　　側方路線影響加算率
　　400,000円　×　　0.94　　×　　　0.08　　　＝ 30,080円…②

□不整形地

　　　①　　　　②　　　　不整形地補正率
　（644,000円＋30,080円）×　　0.99　　　＝ 667,339円

□評価額

　　　　③　　　　地積
　　667,339円×1,500m^2＝1,001,008,500円

　　　　（価格差＋19,854,000円）

■根　拠

- 財産評価基本通達16
- 国税庁ホームページ「質疑応答事例」

事例 裏路線の効用が認められない場合の二方路線影響加算率の適用の有無

Q 評価対象地と裏路線との高度差が約5m程度あり，実質的に裏路線を利用することが困難な状況にある場合はどのように評価しますか。

◇事例内容

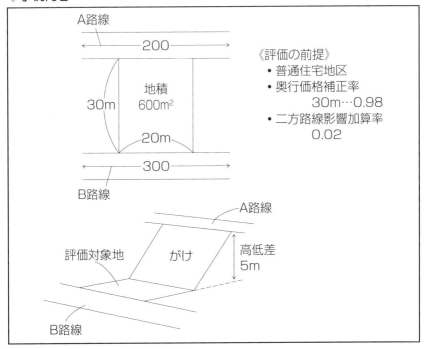

■計算例

□正面路線価をもととした価額

　　正面路線価　　奥行価格補正率
　　300,000円　×　　0.98　　＝ 294,000円…①

□評価額
　　　①　　　　　地積
　294,000円 × 600m² ＝ 176,400,000円

■評価の考え方

　正面と裏面に路線がある宅地は，正面のみの路線に接する宅地と比較して，裏面路線が使用できることによる利便性の向上や，日照・通風等の環境的な条件が向上することにより，価格が上昇することになります。

　ただし，相談内容のように，評価対象地と裏路線との高低差が約5m程度ある場合においては，裏面路線が存することによる効用の増加が認められないことから，当該評価対象地は，正面路線のみをもって評価し，二方路線影響加算率の計算は行わなくてもよいと考えられます。

■誤りやすい例

　誤りやすいのは，下の例のように二方路線影響加算率の計算を行って評価する場合です。この場合だと評価額が過大に計算されてしまうので，注意が必要です。

□正面路線価をもととした価額

　　正面路線価　　奥行価格補正率
　　300,000円　×　　0.98　　　＝ 294,000円…①

□二方路線影響加算率

　　側方路線価　　奥行価格補正率　　二方路線影響加算率
　　200,000円　×　　0.98　　×　　　0.02　　　＝ 3,920円…②

□評価額

　　　　①　　　　　②　　　　地積
　（294,000円 ＋ 3,920円）× 600m^2 ＝ 178,752,000円（価格差＋2,352,000）

■根　拠

- 財産評価基本通達17
- 国税庁ホームページ「裁決事例」

4 土地および土地の上に存する権利③

(1) 不整形地補正（財基20）

　不整形地は，宅地の形状が正方形などの整形でなく，画地の全部が宅地として十分に利用できないために，整形地と比べて価値が減少することを考慮して，その不整形の程度に応じた補正を施した上でその評価額を算定します。具体的には，測量図，公図等の地形のわかるものからかげ地割合を計算し，かげ地割合が10％以上であれば，不整形地補正を適用し減額できることとなります。

　不整形地の価額は奥行価格補正，側方路線影響加算および二方路線影響加算を適用した後の価額に，その不整形の程度，位置および地積の大小に応じ「地積区分表」に掲げる地区区分および地積区分に応じた「不整形地補正率表」に定める補正率を乗じて計算した価額により評価します。

$$正面路線価^{(※)} \times 不整形地補正率 \times 地積$$
　（※）奥行価格補正・側方路線影響加算・二方路線影響加算後

$$かげ地割合 = \frac{想定整形地の地積 - 不整形地の地積}{想定整形地の地積}$$

◇**不整形地補正率を算定する際の地積区分表**

地区区分＼地積区分	A	B	C
高度商業	1,000m²未満	1,000m²以上 1,500m²未満	1,500m²以上
繁華街	450m²未満	450m²以上 700m²未満	700m²以上
普通商業・併用住宅	650m²未満	650m²以上 1,000m²未満	1,000m²以上
普通住宅	500m²未満	500m²以上 750m²未満	750m²以上
中小工場	3,500m²未満	3,500m²以上 5,000m²未満	5,000m²以上

（出典：国税庁「土地及び土地の上に存する権利の評価についての調整率表（平成19年分以降用）」）

◇不整形地補正率表

かげ地割合 \ 地区区分	高度商業，繁華街，普通商業・併用住宅,中小工場			普通住宅		
	A	B	C	A	B	C
10％以上	0.99	0.99	1.00	0.98	0.99	0.99
15％ 〃	0.98	0.99	0.99	0.96	0.98	0.99
20％ 〃	0.97	0.98	0.99	0.94	0.97	0.98
25％ 〃	0.96	0.98	0.99	0.92	0.95	0.97
30％ 〃	0.94	0.97	0.98	0.90	0.93	0.96
35％ 〃	0.92	0.95	0.98	0.88	0.91	0.94
40％ 〃	0.90	0.93	0.97	0.85	0.88	0.92
45％ 〃	0.87	0.91	0.95	0.82	0.85	0.90
50％ 〃	0.84	0.89	0.93	0.79	0.82	0.87
55％ 〃	0.80	0.87	0.90	0.75	0.78	0.83
60％ 〃	0.76	0.84	0.86	0.70	0.73	0.78
65％ 〃	0.70	0.75	0.80	0.60	0.65	0.70

（出典：国税庁「土地及び土地の上に存する権利の評価についての調整率表（平成19年分以降用）」）

(2) 間口狭小補正（財基20-3）

　道路と接している間口が狭い宅地は，価格補正後の価額に間口狭小補正率を乗じて算定します。これは，間口が狭いとその土地の利用価値が低下し，間口が狭いほど評価額が低くなるためです。

> 正面路線価[※] ×間口狭小補正率×地積
> （※）　奥行価格補正・側方路線影響加算・二方路線影響加算後

◇間口狭小補正率表

地区区分　　　間口距離 m	ビル街	高度商業	繁華街	普通商業・併用住宅	普通住宅	中小工場	大工場
4未満	—	0.85	0.90	0.90	0.90	0.80	0.80
4以上6未満	—	0.94	1.00	0.97	0.94	0.85	0.85
6 〃 8 〃	—	0.97		1.00	0.97	0.90	0.90
8 〃 10 〃	0.95	1.00			1.00	0.95	0.95
10 〃 16 〃	0.97					1.00	0.97
16 〃 22 〃	0.98						0.98
22 〃 28 〃	0.99						0.99
28 〃	1.00						1.00

(出典:国税庁「土地及び土地の上に存する権利の評価についての調整率表(平成19年分以降用)」)

(3) 奥行長大補正（財基20-3）

　間口のわりに奥行が長い宅地の価額は，価格補正後の価額に奥行長大補正率を乗じて算定します。間口距離に対して奥行距離の長さの比率が高い場合には，その分の利用価値が低下するため，その割合が高くなるほど，その評価額は低くなります。

> 正面路線価(※) × 奥行長大補正率 × 地積
> （※）　奥行価格補正・側方路線影響加算・二方路線影響加算後

◇奥行長大補正率表

地区区分　　　奥行距離／間口距離	ビル街	高度商業	繁華街	普通商業・併用住宅	普通住宅	中小工場	大工場
2以上3未満	1.00		1.00		0.98	1.00	1.00
3 〃 4 〃			0.99		0.96	0.99	
4 〃 5 〃			0.98		0.94	0.98	
5 〃 6 〃			0.96		0.92	0.96	
6 〃 7 〃			0.94		0.90	0.94	
7 〃 8 〃			0.92			0.92	
8 〃			0.90			0.90	

(出典:国税庁「土地及び土地の上に存する権利の評価についての調整率表(平成19年分以降用)」)

なお，隅切りがある場合の間口距離は，隅切りがなかったものとした場合の距離を間口距離とします。

(4) **無道路地（財基20-2）**

無道路地とは，道路に接していない宅地をいいます。また，道路に接していても建築基準法その他の法令に定める接道義務を満たしていない宅地も，無道路地と同様の評価をします。無道路地は，道路に接している宅地と比べてその利用価値が低くなるので，不整形地として補正を行った後の価額から，その価額の40％を限度として想定される通路部分の価額を控除して評価します。

> 不整形地補正後の価額－想定通路部分の価額（40％限度）

なお，想定される通路部分の価額は，実際に利用している路線の路線価に通路に相当する部分の地積を乗じた価額とし，奥行価格補正等の画地調整は行いません。

◇**無道路地**

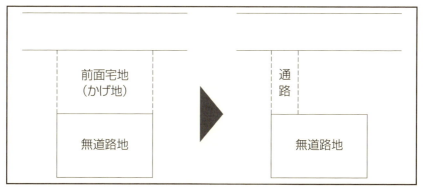

事例　帯状地部分を有する１画地の宅地の評価

Q　帯状部分を有する土地はどのように評価しますか。

◇事例内容

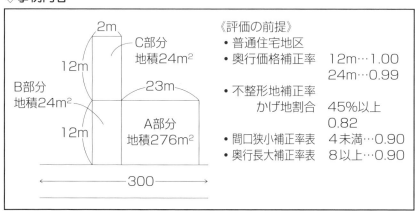

■計算例

[A部分・B部分を合わせた評価]

□正面路線価をもととした価額

　　正面路線価　　奥行価格補正率　　地積
　　300,000円　×　　1.00　　× 300m² ＝ 90,000,000円

[B部分・C部分を合わせた評価]

□正面路線価をもととした価額

　　正面路線価　　奥行価格補正率　　地積
　　300,000円　×　　0.99　　× 48m² ＝ 14,256,000円

[B部分単独の評価]

□正面路線価をもととした価額

　　正面路線価　　奥行価格補正率　　地積
　　300,000円　×　　1.00　　× 24m² ＝ 7,200,000円

[C部分単独の評価]

B部分・C部分とを合わせた評価　　B部分単独の評価
　　　14,256,000円　　　　－　　　7,200,000円　　＝7,056,000円

　　　　　　　　　　　間口狭小補正率　　奥行長大補正率
7,056,000円　×　　　0.9　　　×　　　0.9　　＝5,715,360円

[評価対象地の評価]

A部分・B部分を合わせた評価　　C部分単独の評価
　　　90,000,000円　　　　＋　　　5,715,360円　　＝95,715,360円

■評価の考え方

　帯状部分を有する宅地については、これを不整形地として取り扱うと、不整形地補正率が過大に算定されることとなり、実態と乖離した評価額が算定されることになりかねません。

　そのため、相談内容のように、帯状部分を有する土地については、帯状部分とその他の部分とに分離して、それぞれについて、奥行価格補正等の画地調整を行って評価します。

■誤りやすい例

　誤りやすいのは、下の例のように不整形地補正率を乗じて計算を行う場合です。この場合だと評価額が過小だと判断される可能性があるため、注意が必要です。

□正面路線価をもととした価額

　　正面路線価　　奥行価格補正率　　不整形地補正率
　　300,000円　×　　0.99　　×　　　0.82　　＝243,540円…①

□評価額

　　　①　　　　　地積
　243,540円　×　324m^2　＝78,906,960円（価格差▲16,808,400円）

■根　拠

- 財産評価基本通達20
- 国税庁ホームページ「質疑応答事例」

事例　生前に不合理分割が行われていた場合の宅地の評価単位

Q　A部分について被相続人がその生前に配偶者に贈与をしており，B部分について配偶者が相続により取得することになった場合，このB部分の宅地はどのように評価しますか？

◇事例内容

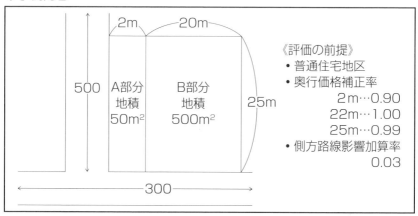

■計算例

[A部分・B部分全体の評価]

$$(500,000円 + 8,910円) \times \underset{\text{地積}}{550 m^2} = 279,900,500円$$

[A部分単独の評価]

$$(450,000円 + 8,910円) \times \underset{\text{地積}}{50 m^2} = 22,945,500円$$

[B部分単独の評価]

$$\underset{\text{正面路線価}}{300,000円} \times \underset{\text{奥行価格補正率}}{0.99} \times \underset{\text{地積}}{500 m^2} = 148,500,000円$$

[B部分の評価]

$$\underset{279,900,500円}{A部分・B部分全体の評価} \times \frac{B部分単独の評価}{A部分単独の評価 + B部分単独の評価} = 242,439,867円$$

■評価の考え方

　宅地の評価単位の原則は『1画地の土地』ごとに評価することですが，贈与，遺産分割等による宅地の分割が親族間等で行われた場合において，例えば，分割後の画地が宅地として通常の用途に供することができない等，その分割が著しく不合理であると認められるときは，その分割前の画地を1画地の宅地として評価します。

　そのため，相談内容の土地については，A宅地とB宅地を1つの評価単位として評価した価額を，価額の比または地積の比によって按分して評価することになります。

■誤りやすい例

　誤りやすいのは，下の例のように，B宅地のみを1つの評価単位として評価を行う場合です。この場合だと評価額が過小だと判断される可能性があるため，注意が必要です。

□正面路線価をもととした価額

　正面路線価　　奥行価格補正率
　300,000円　×　　0.99　　＝ 297,000円…①

□評価額

　　①　　　　地積
　297,000円 × 500m² ＝ 148,500,000円（価格差▲93,939,867円）

■根　拠

- 財産評価基本通達7－2
- 国税庁ホームページ「質疑応答事例」

Column 広大地評価(財基24-4)

1. 広大地とは

広大地とは,その地域における標準的な宅地の地積に比して著しく地積が広大な宅地で,都市計画法第4条第12項に規定する開発行為(※1)を行うとした場合に公共公益的施設用地(※2)の負担が必要と認められるものをいいます。ただし,大規模工場用地(※3)に該当するものおよび中高層の集合住宅等の敷地用地に適しているもの(※4)は除かれます。

(※1) 都市計画法第4条第12項に規定する開発行為とは,主として建築物の建築または特定工作物の建設の用に供する目的で行う土地の区画形質の変更をいいます。

(※2) 公共公益的施設用地とは,道路,公園等の公共施設の用に供される土地および教育施設,医療施設等の公益的施設の用に供される土地をいいます。

(※3) 大規模工場用地とは,一団の工場用地の地積が5万m^2以上のものをいいます(ただし,路線価地域においては,大工場地区として定められた地域に所在するものに限ります)。

(※4) 中高層の集合住宅等の敷地用地に適しているものとは,その宅地について経済的に最も合理的であると認められる開発行為が中高層の集合住宅等を建築することを目的とするものであると認められるものをいいます。

2. 広大地の評価方法

(1) 広大地が路線価地域に所在する場合

広大地の価額=広大地の面する路線の路線価×広大地補正率×地積

[広大地補正率]

$$広大地補正率 = 0.6 - 0.05 \times \frac{広大地の地積}{1,000 m^2}$$

(2) 広大地が倍率地域に所在する場合

その広大地が標準的な間口距離および奥行距離を有する宅地であるとした場合の1m^2当たりの価額を,上記(1)の算式における「広大地の面する路線の路線価」に置き換えて計算します。

3．著しく地積が広大であるかどうかの判断

　評価対象地が都市計画法施行令第19条第1項および第2項の規定に基づき各自治体の定める開発許可を要する面積基準（以下「開発許可面積基準」といいます。）以上であれば，原則として，その地域の標準的な宅地に比して著しく地積が広大であると判断することができます。

　なお，評価対象地の地積が開発許可面積基準以上であっても，その地域の標準的な宅地の地積と同規模である場合は，広大地に該当しません。

[面積基準]

　イ．市街化区域，非線引き都市計画区域および準都市計画区域（ロに該当するものを除く。）…都市計画法施行令第19条第1項および第2項に定める面積（※）

　　※(イ)　市街化区域
　　　　　三大都市圏…500m^2
　　　　　それ以外の地域…1,000m^2

　　　(ロ)　非線引き都市計画区域および準都市計画区域…3,000m^2

　ロ．非線引き都市計画区域および準都市計画区域のうち，用途地域が定められている区域…市街化区域に準じた面積

（注）「平成29年度税制改正大綱」において，「広大地の評価について，現行の面積に比例的に減額する評価方法から，各土地の個性に応じて形状・面積に基づき評価する方法に見直すとともに，適用要件を明確化する。」とされています。

5 土地および土地の上に存する権利④

(1) 貸家建付地の評価（財基26）

貸家建付地とは，借家権の目的となっている家屋の敷地の用に供されている宅地をいいます。土地と建物の所有者が同一の場合で，建物部分を賃貸しているときに，その建物の敷地は借家人に間接的に使用収益させていることとなるため，次の計算式によって計算した金額を自用地価額から控除して貸家建付地として評価します。

> 宅地の自用地価額×借地権割合(※1)×借家権割合(※2)×賃貸割合(※3)

- (※1) 借地権割合は，借地事情が似ている地域ごとに定められており，路線価図や評価倍率表に表示されています。
- (※2) 借家権割合は，都道府県ごとに国税局長の定める割合によります。
- (※3) 貸家の中には，課税時期において，複数の者に対して住宅や店舗等として貸し付けている一棟のアパートやビルなどの一部に賃貸されていない部分がある場合があります。この部分については減額する必要がないため，自用地としての評価をすることになります。その建物のうち実際に貸し付けている部分の割合を賃貸割合とし，次の算式により求めます。

$$賃貸割合 = \frac{(A)の課税時期において賃貸されている部分の床面積の合計}{その建物の各独立部分の床面積の合計(A)}$$

◇貸家建付地

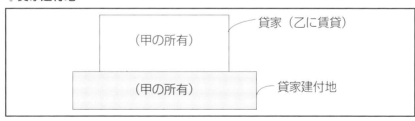

◇土地及び土地の上に存する権利の評価明細書（第２表）

土地及び土地の上に存する権利の評価明細書（第２表）

区分		算式	総額	記号
広大地の評価額		（正面路線価） （広大地補正率）※端数処理はしない （地積） 円 × (0.6 − 0.05 × 地積㎡ / 1,000㎡) × ㎡	（自用地の評価額） 円	L
セットバックを必要とする宅地の評価額		（自用地の評価額） （自用地の評価額） （該当地積） 円 − (円 × 該当地積㎡ / 総地積㎡ × 0.7)	（自用地の評価額） 円	M
都市計画道路予定地の区域内にある宅地の評価額		（自用地の評価額） （補正率） 円 × 0.	（自用地の評価額） 円	N
大規模工場用地等の評価額	○大規模工場用地等	（正面路線価） （地積） （地積が20万㎡以上の場合は0.95） 円 × ㎡	円	O
	○ゴルフ場用地等	（宅地とした場合の価額）（地積） （1㎡当たりの造成費） （地積） 円 × ㎡×0.6 − (円 × ㎡)	円	P
総額計算による価額	貸宅地	（自用地の評価額） （借地権割合） 円 × (1− 0.)	円	Q
	貸家建付地	（自用地の評価額又はＳ） （借地権割合）（借家権割合） （賃貸割合） 円 × (1− 0. × 0. × ㎡/㎡)	円	R
	目的となっている土地	（自用地の評価額） （割合） 円 × (1− 0.)	円	S
	借地権	（自用地の評価額） （借地権割合） 円 × 0.	円	T
	貸家建付借地権	（Ｔ,ＡＡのうちの該当記号）（借家権割合） （賃貸割合） ( ) 円 × (1− 0. × ㎡/㎡)	円	U
	転貸借地権	（Ｔ,ＡＡのうちの該当記号）（借地権割合） ( ) 円 × (1− 0.)	円	V
	転借権	（Ｔ,Ｕ,ＡＡのうちの該当記号）（借地権割合） ( ) 円 × 0.	円	W
	借家人の有する権利	（Ｔ,Ｗ,ＡＡのうちの該当記号）（借家権割合） （賃貸割合） ( ) 円 × 0. × ㎡/㎡	円	X
	権利	（自用地の評価額） （割合） 円 × 0.	円	Y
	権利が競合する場合の土地	（Ｑ,Ｓのうちの該当記号） （割合） ( ) 円 × (1− 0.)	円	Z
	他の権利と競合する場合の権利	（Ｔ,Ｙのうちの該当記号） （割合） ( ) 円 × (1− 0.)	円	AA

備考

（注）1 区分地上権と区分地上権に準ずる地役権とが競合する場合については、備考欄等で計算してください。
　　　2 「広大地の評価額」と「セットバックを必要とする宅地の評価額」は重複して適用できません。

（平成十六年分以降用）

（資4−25−2−Ａ4統一）

(2) 借地権の評価(財基27, 27-2)

借地権とは,借地借家法に規定する建物の所有を目的とする地上権または土地の賃借権をいいます。

① 借地権の種類

	種　類	評価区分
①	借地権	借地権
②	定期借地権	定期借地権等
③	事業用定期借地権等	
④	建物譲渡特約付借地権	
⑤	一時使用目的の借地権	一時使用目的の借地権

② 借地権の評価

借地権の価額は,その借地権の目的となっている宅地の自用地としての価額に,国税局長の定める割合(借地権割合)を乗じて計算した金額によって評価します。

$$自用地としての評価額 \times 借地権割合$$

◇借地権

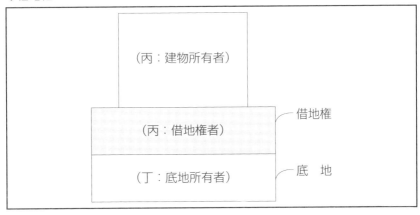

③ 定期借地権等の評価

　定期借地権等の価額は，原則として，課税時期において借地権者に帰属する経済的利益およびその存続期間を基として評定した価額によって評価します。なお，定期借地権等は，個別性が強く，かつ，その設定が多様なものと想定されるため，簡便法として定期借地権設定時において借地人に帰属する経済的利益の総額を基に課税時期における残存期間を考慮して定期借地権等の価額を算定することが認められています。

◇**簡便法の式**

（算式）

課税時期における自用地価額 × (定期借地権設定時に借地人に帰属する経済的利益の総額 / 定期借地権設定時におけるその宅地の通常取引価額) × (課税時期における定期借地権の残存期間年数に応ずる基準年利率による複利年金現価率 / 定期借地権の設定期間年数に応ずる基準年利率による複利年金現価率)

◇定期借地権等の評価明細書　平成20年分以降用（表）

◇定期借地権等の評価明細書　平成20年分以降用（裏）

(裏)

1　定期借地権等の種類と評価方法の一覧

定期借地権の種類	定期借地権等の評価方法	定期借地権等の目的となっている宅地の評価方法
一般定期借地権 (借地借家法第22条)	財産評価基本通達27-2に定める評価方法による	平成10年8月25日付課評2-8・課資1-13「一般定期借地権の目的となっている宅地の評価に関する取扱いについて」に定める評価方法による　Ⓐ
事業用定期借地権等 (借地借家法第23条)		※
建物譲渡特約付借地権 (借地借家法第24条)		財産評価基本通達25(2)に定める評価方法による　Ⓑ

(注)　※印部分は、一般定期借地権の目的となっている宅地のうち、普通借地権の借地権割合の地域区分A・B地域及び普通借地権の取引慣行が認められない地域に存するものが該当します。

2　実質的に贈与を受けたと認められる差額地代の額がある場合の経済的利益の金額の計算

同種同等地代の年額(C)	円	実際地代の年額(D)	円	設定期間年数に応ずる基準年利率による年賦償還率	⑱

差額地代（設定時）

(前払地代に相当する金額)　　　　(実際地代の年額(D))　(実質地代の年額(E))
(権利金等⑨)　(⑱の年賦償還率)　(保証金等⑩)　(⑱の年賦償還率)
　　　円　×　　　　＋　　　円　×　　　　＋　　　円　＝　　　円

(差額地代の額)　　　　　　　　(⑤の複利年金現価率)　　　　贈与を受けたと認められる差額地代の額がある場合の経済的利益の金額
(同種同等地代の年額(C))　(実質地代の年額(E))　　　　　　　　　　　　　　　　　　　　⑪
(　　　円　－　　　円)　×　　　　　　　　　　＝　　　　　円

(注)　「同種同等地代の年額」とは、同種同等の他の定期借地権等における地代の年額をいいます。

3　一般定期借地権の目的となっている宅地を評価する場合の底地割合

借地権割合		底地割合
路線価図	評価倍率表	
地域区分 C	70%	55%
地域区分 D	60%	60%
地域区分 E	50%	65%
地域区分 F	40%	70%
地域区分 G	30%	75%

4　定期借地権等の目的となっている宅地を評価する場合の残存期間年数に応じた割合

残存期間年数	割合
5年以下の場合	5%
5年を超え10年以下の場合	10%
10年を超え15年以下の場合	15%
15年を超える場合	20%

(注)　残存期間年数の端数処理は行いません。

(資4-80-2-A4統一)

事例　賃貸家屋（アパート）が課税時期において空き家となっている場合

Q アパート経営をしていますが，一時的に空き家となっている部屋がある場合の貸家建付地の評価はどのように行いますか。

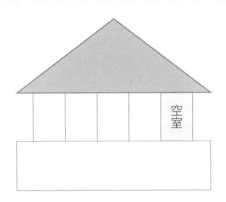

■計算例

[貸家建付地の評価]

$$50,000,000円 - 50,000,000円 \times 60\% \times 30\% \times \frac{25㎡ \times 5戸}{25㎡ \times 5戸}$$

（自用地としての価額　自用地としての価額　借地権割合　借家権割合　賃貸割合）

$= 50,000,000円 - 9,000,000円 = 41,000,000円$

■評価の考え方

　家屋の借家人は，その家屋の敷地についても，家屋の賃借権に基づいて，事実上，土地の支配権を有しているものと認められます。そのため，当該土地の所有者は，その所有する宅地について自由な使用収益権が一部制限される状況となっているため，自用地と比較して，その価値が低下していると認められます。

　相談内容のように，一部に空室のあるアパートについては，次のような事実関係から総合的に判断して，その空室部分が一時的なものと認められる場合は，賃貸されている部分に含めて計算することになります。

① 各独立部分が課税時期前に継続的に賃貸されてきたものかどうか。
② 賃借人の退去後すみやかに新たな賃借人の募集が行われたかどうか。
③ 空室の期間，他の用途に供されていないかどうか。
④ 空室の期間が，課税時期の前後の例えば1か月程度であるなど一時的な期間であるかどうか。

■誤りやすい例

　誤りやすいのは，下の例のように空室部分について賃貸割合に含めずに計算を行う場合です。一時的な空室は，上記のような事実関係を満たすことが必要ですが，その判断においては，近隣周辺の類似した賃貸物件における入居率や賃貸状況，賃貸相場など，どのような状況下で空室が生じているかを確認することが重要であり，課税時期における空室期間をもとに画一的判断をすべきではないものと考えられます。

　この場合だと評価額が過大に計算されてしまうので，注意が必要です。

自用地としての価額　　自用地としての価額　　借地権割合　　借家権割合　　賃貸割合
50,000,000円　 －　 50,000,000円　 ×　 60%　 ×　 30%　 × $\dfrac{25㎡ \times 4戸}{25㎡ \times 5戸}$

= 50,000,000円 − 7,200,000円 = 42,800,000円（価格差 + 1,800,000円）

■根　拠

・財産評価基本通達26
・国税庁ホームページ「質疑応答事例」

事例　賃貸家屋（戸建住宅）が課税時期において空き家となっている場合

Q　賃貸用の戸建住宅を所有していますが、課税時期に空き家となっている場合の貸家建付地の評価はどのように行いますか。

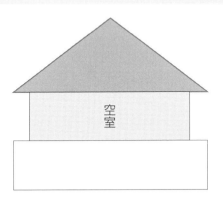

■計算例

　自用地としての価額
　　50,000,000円

■評価の考え方

　貸家建付地は，貸家の敷地として使用されている宅地のことをいい，課税時期において現実に貸し付けられている場合をいいます。また，アパートのように，「各独立部分（構造上区分された数個の部分）」を有する場合は，一時的に空室部分がある場合であっても，賃貸割合に含めて貸家建付地として評価をすることが認められています。

　相談内容のように，「各独立部分」を有さない戸建住宅の場合，その空室が一時的であると認められる場合であっても，課税時期において現実に貸し付けられていない場合は，貸家建付地として評価することは認められず，自用地としての評価を行うことになります。

■誤りやすい例

　誤りやすいのは，下の例のように空き家であっても貸家建付地として評価を行う場合です。この場合だと評価額が過小に計算されてしまうので，注意が必要です。

　　自用地としての価額　　自用地としての価額　　借地権割合　　借家権割合
　　　50,000,000円　　－　　50,000,000円　　×　　60%　　×　　30%
　＝50,000,000円 － 9,000,000円 ＝ 41,000,000円（価格差▲9,000,000円）

■根　拠

・財産評価基本通達26
・国税庁ホームページ「質疑応答事例」

> **Column** 無償返還の届出

1．無償返還の届出とは

　個人間における土地の無償による貸与（使用貸借）については，借地権の価額に相当する利益の贈与があったことにはなりません。

　しかし，法人が貸借の当事者となっている土地の貸借取引で，賃貸借契約の形態をとっている場合においても，当該借地権の設定に際して，通常の権利金を収受せず，かつ使用の対価としての相当の地代も収受していない場合には，相当の地代と実際に当事者間で収受している地代の額との差額をもとに計算した借地権の価額に相当する経済的な利益の移転に対する課税（借地権の認定課税）がなされることになります。ただし，「土地の無償返還に関する届出書」を提出している場合には，当該土地の貸借契約の形態が賃貸借契約の場合であっても，前記の土地の貸借契約の形態が使用貸借契約の場合と同様に，土地の貸主および借主の双方に財産的価値としての借地権の価額の認識はないものとして，借地権の認定課税はなされないこととなります。

2．無償返還の届出が提出されている場合の借地権および貸宅地の価額

　借地権が設定されている土地について，無償返還の届出書が提出されている場合の当該土地に係る借地権の価額は零として取り扱うことになります。

　また，借地権が設定されている土地について，無償返還の届出書が提出されている場合の当該土地に係る貸宅地の価額は，当該土地の自用地としての価額の100分の80に相当する金額によって評価します。

　なお，被相続人が同族関係者となっている同族会社に対して土地を貸し付けている場合には，その同族会社の株式の評価上，当該土地の自用地としての価額の100分の20に相当する金額を純資産価額に加算することになります。

　さらに，使用貸借に係る土地について，無償返還の届出書が提出されている場合の当該土地に係る貸宅地は，当該土地の自用地としての価額によって評価する点にも留意が必要です。

◇土地の無償返還に関する届出書

土地の無償返還に関する届出書

※整理事項
1 土地所有者
2 借地人等

受付印
整理簿
番号
確認

平成 年 月 日

国税局長
税務署長 殿

土地所有者＿＿＿＿は、（借地権の設定等／使用貸借契約）により下記の土地を平成 年 月 日から＿＿＿＿に使用させることとしましたが、その契約に基づき将来借地人等から無償で土地の返還を受けることになっていますので、その旨を届け出ます。

なお、下記の土地の所有又は使用に関する権利等に変動が生じた場合には、速やかにその旨を届け出ることとします。

記

土地の表示
所 在 地 ＿＿＿＿＿＿＿＿＿＿＿＿＿＿＿＿＿＿＿＿＿＿＿＿
地目及び面積 ＿＿＿＿＿＿＿＿＿＿＿＿＿＿＿＿ ㎡

（土地所有者） （借地人等）
住所又は所在地 〒 〒
電話（ ）－ 電話（ ）－

氏名又は名称 ＿＿＿＿＿＿＿＿ ㊞ ＿＿＿＿＿＿＿＿ ㊞
代表者氏名 ＿＿＿＿＿＿＿＿ ㊞ ＿＿＿＿＿＿＿＿ ㊞

（土地所有者が連結申告法人の場合）（借地人等が連結申告法人の場合）
連結親法人の納税地 〒 〒
電話（ ）－ 電話（ ）－
連結親法人名等＿＿＿＿＿＿＿＿＿＿＿＿＿＿＿＿＿
連結親法人等の代表者氏名＿＿＿＿＿＿＿＿＿＿＿＿

借地人等と土地所有者との関係
借地人等又はその連結親法人の所轄税務署又は所轄国税局

8 添付書類 (1) 契約書の写し (2)

20.06改正

6　家屋および家屋の上に存する権利

(1) 評価単位（財基88）

家屋の価額は，原則として，1棟の家屋ごとに評価します。この家屋とは，住宅，店舗，工場，倉庫その他の建物を範囲としています。

(2) 自用家屋の評価（財基89）

自用家屋の価額は，その家屋の固定資産税評価額に1.0を乗じて計算した金額によって評価します。

$$固定資産税評価額 \times 1.0$$

◇自用家屋

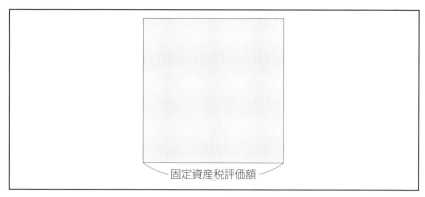

(3) 区分所有の家屋

マンションのような区分所有となっている家屋については，その家屋全体の評価額をもととし，各所有部分の使用収益等の状況を勘案して計算した各部分に対応する価額によって評価することとしています。

$$\boxed{\text{固定資産税評価額} \times 1.0 \times \text{区分所有している割合}}$$

◇区分所有の家屋

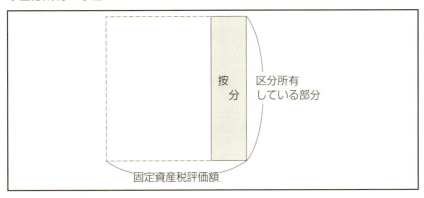

(4) **貸家の評価（財基93）**

貸家の価額は，次の算式により計算した金額によって評価します。

$$\boxed{\text{自用家屋の評価額} \times (1 - \text{借家権割合} \times \text{賃貸割合})}$$

※ 借家権割合，賃貸割合については「⑤(1) 貸家建付地の評価」を参照。

◇貸　家

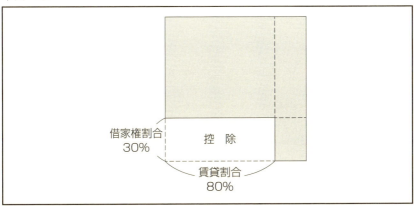

事例　固定資産税評価額が付されていない家屋の評価

Q 家屋を新築した直後に相続が発生し，家屋の固定資産税評価が付されていない場合，どのように評価すべきでしょうか。建築請負契約による建築工事費用は3,000万円（税込）となっています。

◇事例内容

■計算例

　30,000,000円 × 70％ ＝ 21,000,000円

■評価の考え方

　課税時期において現に建築中の家屋の価額は，その家屋の費用現価の100分の70に相当する金額によって評価します。

　この場合の費用現価とは，課税時期までに投下された費用の額を，課税時期の価額に引き直した額の合計額をいうものとされています。なお，当該合計額には消費税の額が含まれているものと考えられます。

　また，当該建築中の家屋が，事業者にとって消費税に係る課税売上げに対応する課税仕入れに該当し，当該支払われた消費税額が仕入税額控除の対象とされる場合には，当該合計額には消費税の額が含まれないものとして解釈することが相当であると考えられます。

　なお，課税時期から申告期限までの間に，その家屋の課税時期の状況に応じた固定資産税評価額が付された場合には，その固定資産税評価額に基づいて評価することになります。

■根　拠
- 財産評価基本通達91
- 国税庁ホームページ「質疑応答事例」

7　動産の評価

(1) 一般動産

① 評価単位（財基128）

動産の評価は、原則として、1個または1組ごとに評価します。ただし、家庭用動産、農耕用動産、旅館用動産等で1個または1組の価額が5万円以下のものについては、それぞれ一括して一世帯、一農家、一旅館等ごとに評価することができます。

② 一般動産の評価（財基129，130）

一般動産の価額は、原則として、売買実例価額、精通者意見価格等を参酌して評価します。ただし、これらの価額が明らかでない動産については、その動産と同種および同規格の新品の課税時期における小売価額から、その動産の製造の時から課税時期までの期間の償却費の額の合計額または減価の額を控除した金額によって評価します。

【原則】
　売買実例価額、精通者意見価格等
【例外】
　イ　その動産と同種および同規格の新品の課税時期における小売価額－既経過年数の償却費の額
　ロ　その動産と同種および同規格の新品の課税時期における小売価額－既経過年数の減価の額

※　耐用年数は、耐用年数省令に規定する年数をいいます。
※　償却方法は、定率法によります。
※　一般動産とは、事業を営む者が所有し事業の用に使用する機械および装置、器具、工具、備品、車両運搬具や一般家庭用の家具、什器、衣服、非事業用の車両運搬具等が代表的なものとして挙げられます。

第3章 資産評価手法

◇一般動産及び船舶の評価明細書（平成20年分以降用）

一般動産及び船舶の評価明細書

種類、製造会社名、名称、型式、年式等	売買実例価額等を基とした評価額	売買実例価額等が明らかでない場合					新品等の価額を基とした評価額（①−②）
		新品（新造）価額	法定耐用年数 経過年数	製造（建造）年月	定率法による償却率	償却費の額の合計額又は減価の額	
	円	① 円	年 年	.		② 円	円

被相続人氏名

（平成二十年分以降用）

（注）
1　この評価明細書は、一般動産及び船舶を評価する場合に使用します。
2　一般動産及び船舶の価額は、原則として、売買実例価額、精通者意見価格等を参酌して評価しますが、売買実例価額等が明らかでない場合には、新品の小売価額等から償却費の額の合計額又は減価の額を控除した金額によって評価します。
3　「売買実例価額等を基とした評価額」欄には、売買実例価額、精通者意見価格等を参酌して評価した価額を記載します。
4　売買実例価額等が明らかでない場合には、「売買実例価額等が明らかでない場合」欄に記載します。
　(1)　「新品（新造）価額」欄には、評価する一般動産と同種同規格の新品の課税時期における小売価額（船舶の場合は評価する船舶と同種同型の船舶（該当する船舶がない場合は最も類似する船舶によります。）を課税時期において新造する場合の価額）を記載します。
　(2)　「製造（建造）年月」欄には、評価する一般動産の製造の時（船舶の場合は評価する船舶の建造の時）を記載します。
　(3)　「経過年数」欄には、評価する一般動産の製造の時（船舶の場合は評価する船舶の建造の時）から課税時期までの期間の年数（その期間の年数に1年未満の端数があるときは、その端数は1年とします。）を記載します。

（資4−27−A4統一）

(2) たな卸商品等

① 評価単位（財基132）

たな卸商品等の価額は，種類および品質等がおおむね同一のものごとに評価します。

② 評価方法（財基133）

原則として，次の3つの区分に応じて評価します。ただし，個々の価額を算定することが難しいたな卸商品等は，所得税法または法人税法に定める方法のうち，所得の金額の計算上，企業が選定している方法によることができます。

なお，たな卸商品等とは，商品，原材料，半製品，仕掛品，製品，生産品その他これらに準ずる動産をいいます。

【商品，製品および生産品の価額】

商品，製品および生産品の価額は，以下の算式によって評価します。

> その商品等の販売価額－（適正利潤＋予定経費＋消費税）

◇商品・製品・生産品

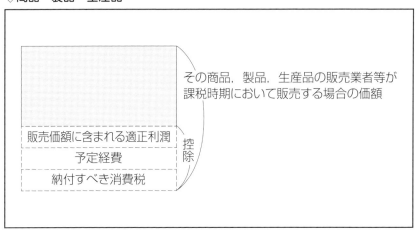

【原材料の価額】

　原材料の価額は，原材料を使用する製造業者が課税時期において購入する場合における仕入価額に，その原材料の引取り等に要する運賃その他の経費の額を加算した金額によって評価します。

> 仕入価額＋引取り等に要する経費の額

◇**原材料**

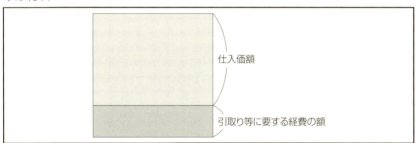

【半製品および仕掛品の価額】

　半製品および仕掛品の価額は，製造業者が半製品または仕掛品に含まれる原材料を課税時期において購入する場合における仕入価額に，その原材料の引取り，加工等に要する運賃，加工費その他の経費の額を加算した金額によって評価します。

> 原材料の仕入価額＋加工費等の経費の額

◇**半製品・仕掛品**

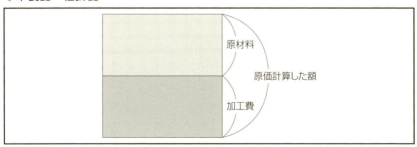

事例　一般動産の評価

Q　次のような資産を所有している場合の評価方法を教えてください。
① 機械装置
  ・売買実例価額，精通者意見価格等…不明
  ・同種および同規格の新品小売価格…10,000,000円
  ・耐用年数…12年
  ・経過年数…3年
  ・その他…当該機械装置の取得時に補助金5,000,000円の交付を受けており，圧縮記帳により，取得時に帳簿価額を5,000,000円減額している。
② 社用車
  ・売買実例価額，精通者意見価格等…2,200,000円
  ・同種および同規格の新品小売価格…5,000,000円
  ・耐用年数…4年
  ・経過年数…2年
③ 備　品
  ・売買実例価額，精通者意見価格等…不明
  ・同種および同規格の新品小売価格…3,000,000円
  ・耐用年数…5年
  ・経過年数…3年

■計算例
① 機械装置
10,000,000円 × 0.578（残価率※）＝ 5,780,000円
② 社用車
2,200,000円
③ 備品
3,000,000円 × 0.216（残価率※）＝ 648,000円
　※残価率：耐用年数の適用等に関する取扱通達の付録7(3)定率法未償却残額表（平成24年4月1日以後取得分）

■評価の考え方
　一般財産の価額は，原則として，売買実例価額，精通者意見価格等を参酌して評価するため，②のように売買実例価額，精通者意見価格等が判明している場合は，その価額によって評価します。
　売買実例価額，精通者意見価格等が明らかでない動産については，その動産と同種および同規格の新品の課税時期における小売価額から，その動産の製造の時から課税時期までの期間の償却費の額の合計額を控除した金額によって評価するため，①および③については，新品の小売価額から償却費の合計額を控除して評価します。
　なお，圧縮記帳により，帳簿価額が減額されている資産については，圧縮記帳後の価額は，法人税法上，損金の額に算入される減価償却費等のもとになる価額であって，客観的な交換価額である相続税法第22条に規定する財産の価額ではないことから，当該資産の評価については，財産評価基本通達の定めに従って評価することになります。

■根　拠
・財産評価基本通達128，129，130
・国税不服審判所「平成18年4月11日裁決事例」

> **Column** たな卸資産に該当する不動産の評価

1．たな卸資産の評価

　たな卸資産（商品）として保有する不動産の価額は，その不動産の販売業者が課税時期において販売する場合の価額から，その価額のうちに含まれる販売業者に帰属すべき適正利潤の額，課税時期後販売までにその販売業者が負担すると認められる経費（以下「予定経費」という）の額およびその販売業者がその不動産につき納付すべき消費税額（地方消費税額を含む。以下同じ）を控除した金額によって評価します。

2．販売用不動産の価額

　販売用不動産の価額は，次の2つの区分に分けて考えます。

(1) 開発後に販売する不動産
(2) 開発を行わない不動産または開発が完了した不動産

(1) 開発後に販売する不動産

　開発後に販売する不動産の価額は，以下の式で求められます。

$$\text{開発事業等支出金の時価} = \text{①完成後販売見込額} - \left(\text{②造成・建築工事原価今後発生見込額} + \text{③販売経費等見込額} \right)$$

① 完成後販売見込額

　完成後販売見込額については，開発を行わない不動産または開発が完了した不動産の評価における販売見込額の見積方法に準ずるため，販売公表価格，販売予定価格，あるいは販売可能見込額によって見積もります。

② 造成・建築工事原価今後発生見込額

　「総開発コスト見込額－既支出開発コスト」で算定されます。

③ 販売経費等見込額

　販売手数料，広告宣伝費等の地域水準を過去の開発実績から見積もることになります。

(2) 開発を行わない不動産または開発が完了した不動産

開発を行わない不動産または開発が完了した不動産の価額は，以下の式で求められます。

販売用不動産の正味売却価格＝①販売見込額－②販売経費等見込額

---

① 販売見込額

　　正味売却価格とは，一般的には売却市場における市場価格から販売経費等見込額を控除したものとなりますが，不動産は個別性が強く取引市場が限られていることから，市場価格での評価は実質困難であると考えられます。また，開発を行わない不動産または開発が完了した不動産については，販売公表価格または販売予定価格で販売できる見込みが乏しいものも多いと考えられるため，その販売見込額の評価にあたっては，合理的に算定された販売可能見込額を用いることになります。

② 販売経費等見込額

　　開発を行わない不動産または開発が完了した不動産の販売経費等見込額については，必要とされる販売手数料，広告宣伝費等を見積もることになります。

8　無体財産権の評価

(1) 特許権の評価（財基140～145）

特許権とは，特許法の規定に基づく特許権をいい，産業上利用することができる発明として保護されています。特許権は，その特許発明の実施を他人にさせる場合と自ら特許発明を実施する場合とがありますが，その評価をめぐっても2つの方法があります。

① 特許権の特許発明を他人に実施させている場合の特許権の評価

特許権の価額は，将来受ける補償金の額の基準年利率による複利現価の額の合計額によって評価します。

◇特許権の評価

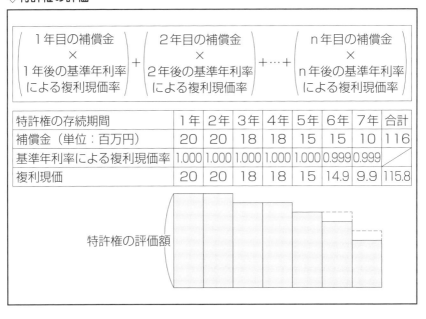

※ 補償金が確定していないものについては，課税時期前の相当の期間内に取得した補償金の額のうち，その特許権の内容等に照らし，その特許権に係る経常的な収入と認められる部分の金額をもととし，その特許権の需要および持続性等を参酌して推算した金額をもってその将来受ける補償金の額とします。推算する期間は，課税時期から特許法に規定する特許権の存続期間とされ，存続期間は特許出願の日から20年をもって終了します。

※ 補償金を受ける期間は，課税時期から特許法に規定する特許権の存続期間が終了する時期までの年数（1年未満切捨て）の範囲内で推算します。

※ 補償金の額の合計額が50万円に満たないと認められる特許権については，評価しません。

② 特許権者が自ら特許発明を実施している場合の特許権の評価
その特許権者の営業権の価額に含めて評価します。

(2) 実用新案権，意匠権，商標権の評価（財基146，147）

実用新案権，意匠権，商標権の評価は，特許権の評価方法に準じます。

※ 実用新案権とは，実用新案法の規定に基づく実用新案権をいい，産業上利用することができる物品の形状，構造または組み合わせに係る考案で，実用新案登録を受けたものとして保護されています。

※ 意匠権とは，意匠法の規定に基づく意匠権をいい，工業上利用することができる意匠（デザイン）で，意匠登録を受けたものとして保護されています。

※ 商標権とは，商標法の規定に基づく商標権をいい，自己の業務に係る商品について使用する商標（他社の商品と区別するために使用するマーク）で，商標登録を受けたものとして保護されています。

(3) 著作権の評価（財基148）

著作権の価額は，著作者別に一括して，次の算式により評価します。

年平均印税収入の額×0.5×評価倍率

① 年平均印税収入の額
　　課税時期の属する年の前年以前3年間の年平均額
② 評価倍率
　　精通者意見等をもととして推算した印税収入期間に応ずる基準年利率による複利年金現価率

※　著作権とは，文書，演術，図画，建築，彫刻，模型，写真，演奏，歌唱その他文芸学術もしくは美術，音楽の範囲に属する著作物の著作者が，その著作物を独占的に利用することのできる権利をいいます。

著作権の経済的価値は，特許権等の場合と同様，その権利の行使に伴い著作権者にもたらされる利益の額によって測定されますが，利益をもたらす方法には，複製頒布，翻訳，興行，上映，放送などがあります。

◇**著作権の評価の具体例**

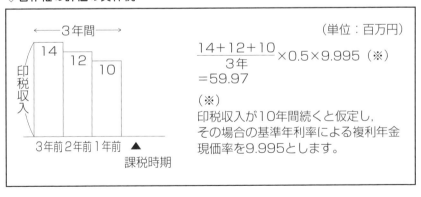

(4) 営業権の評価（財基165，166）

営業権の評価は，次の算式により計算した金額によって評価します。

◇営業権の評価

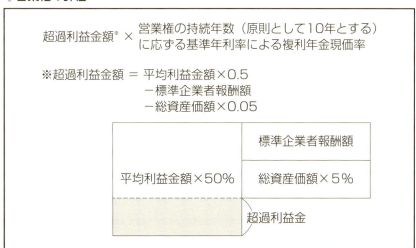

※ 営業権とは，通常，のれんや老舗などと呼ばれる企業財産の一種であり，「企業が持つ好評，愛顧，信認，顧客関係その他の諸要因によって期待される将来の超過収益力を資本化した価値」であると考えられています。これは，相続税法上も財産として扱われ，財産評価の客観性の見地から，有償取得のものであるか，自家創設のものであるかを問わず，評価の対象とされています。

事例　営業権の評価

Q　次のような経営状態の会社の評価をする場合，営業権を考慮する必要がありますか。
(1) 各事業年度の所得の金額
　　直前期…80,000,000円
　　直前々期…75,000,000円
　　直前々期の前期…70,000,000円
(2) 総資産価額
　　80,000,000円

（注）　非経常的な損益の額，借入金等に対する支払利子の額・社債発行差金の償却費の額および損金に算入された役員給与の額はありません。

■計算例

① 平均利益金額の計算

（80,000,000円＋75,000,000円＋70,000,000円）÷ 3 ＝75,000,000円

75,000,000円＜80,000,000円（直前期の所得金額）

∴75,000,000円…①

② 標準企業者報酬額の計算

75,000,000円 × 0.30 ＋ 10,000,000円 ＝ 32,500,000円…②

③ 超過利益金額

① × 0.50 －②－（80,000,000円 × 0.05）＝ 1,000,000円…③

④ 営業権の評価額

③ × 9.973（複利年金現価率）＝ 9,973,000円

■**評価の考え方**

　財産評価基本通達において評価の対象とされる営業権は，有償で取得した営業権であるか，または自己創設の営業権であるかを問わず，すべて評価の対象となります。

　また，医師，弁護士等のようにその者の技術，手腕または才能等を主とする事業に係る営業権で，事業者の死亡とともに消滅するものは評価しません。

■**根　拠**

・財産評価基本通達165，166

9 株式および出資

(1) 上場株式の評価（財基169）

上場株式とは，金融商品取引所のいずれかに上場されている株式をいいます。

上場株式の価額は，その株式が上場されている金融商品取引所における課税時期の最終価格によって評価します。ただし，その最終価格が課税時期の属する月以前3か月間の毎日の最終価格の各月ごとの平均額のうち，最も低い価額を超える場合には，その最も低い価額によって評価します。

- 原則：課税時期の最終価格
- 特例：原則および次の①から③のうち最も低い価額
    ① 課税時期の属する月の毎日の最終価格の月平均額
    ② 課税時期の属する月の前月の毎日の最終価格の月平均額
    ③ 課税時期の属する月の前々月の毎日の最終価格の月平均額

◇上場株式の評価

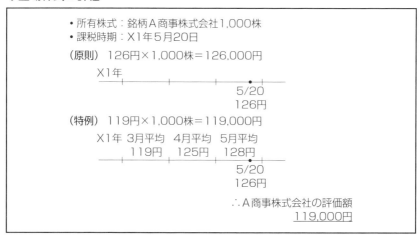

なお，負担付贈与または個人間の対価を伴う取引により取得した上場株式の価額は，上記の原則により評価することとなります。

(2) 気配相場等のある株式の評価（財基174）

気配相場等のある株式とは，公開途上にある株式等をいいます。

① 公開途上にある株式
- 金融商品取引所が株式の上場の届出を行うことを明らかにした日から上場の日の前日までのその株式
- 日本証券業協会が株式を登録銘柄として登録することを明らかにした日から登録の日の前日までのその株式

② 評価方法

【公募または売出しが行われる場合】

その株式の公開価格※により評価します。

※ 金融商品取引所または日本証券業協会の内規によって行われるブックビルディング方式または競争入札方式のいずれかの方式により決定される公募（新株の発行）または売出し（既発行の株式の売却）の価格をいいます。

【公募または売出しが行われない場合】

課税時期以前の取引価格等を勘案して個別に評価することとなります。

(3) 取引相場のない株式の評価

取引相場のない株式とは，上場株式，登録銘柄，店頭管理銘柄および公開途上にある株式以外の株式をいいます。

取引相場のない株式は，株式を取得した株主が，その株式を発行した会社の経営支配力を持っている同族株主か，それ以外の株主かの区分により，それぞれ原則的評価方式または特例的評価方式の配当還元方式に

より評価します。

原則的評価方式	特例的評価方式
① 類似業種比準方式	④ 配当還元方式
② 純資産価額方式	
③ ①および②の併用方式	

　評価する株式の発行会社を事業種目，従業員数，総資産価額および取引金額により大会社，中会社，小会社のいずれかに区分し，それぞれの規模に応じて区分ごとに評価方法が定められています。

◇取引相場のない株式の評価体系

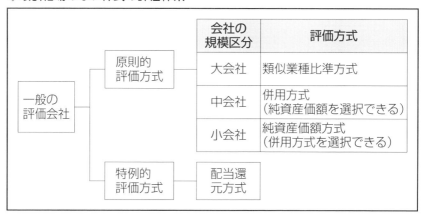

① 類似業種比準価額の評価方法（財基180）

　類似業種比準方式は，業種の類似した上場会社の平均株価をもとにして算出します。具体的には，その会社の実績（配当金額・利益金額・純資産価額）と上場会社の各平均値を比準して算定します。

◇類似業種比準価額の計算方法

$$A \times \left[\frac{\frac{Ⓑ}{B} + \frac{Ⓒ}{C} + \frac{Ⓓ}{D}}{3} \right] \times 0.7\ (0.6 または 0.5)$$

A：類似業種の株価
B：類似業種の1株当たりの配当金額　　Ⓑ：評価会社の1株当たりの配当金額
C：類似業種の1株当たりの利益金額　　Ⓒ：評価会社の1株当たりの利益金額
D：類似業種の1株当たりの純資産価額　Ⓓ：評価会社の1株当たりの純資産価額
　（帳簿価額によって計算した金額）　　　（帳簿価額によって計算した金額）

（注）「平成29年度税制改正大綱」に基づき記載しています。

② 純資産価額の評価方法（財基185）

　純資産価額方式は，発行会社が課税時期に清算した場合に株主に分配される正味財産の価値をもって，株式の相続税評価額と考える評価方法です。具体的には，資産の相続税評価額から，負債の相続税評価額および資産の含み益に対する法人税額等相当額を差し引いて算定します。

◇純資産価額の計算方法

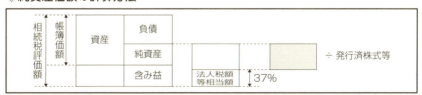

③ 配当還元価額の評価方法（財基188-2）

　配当還元方式は，少数株主の目的は会社からの配当の受取りであることに着目し，配当期待権の評価として株式の評価額を算定します。

◇配当還元価額の計算方法

① 年配当金額
　$\dfrac{直前期末以前2年間の配当金額}{2} \div (資本金等の額 \div 50 円)$
　※2円50銭未満の場合は，2円50銭とする
② 配当還元価額
　$① \div 10\% \times \dfrac{1株当たりの資本金等の額}{50 円}$

事例 上場株式の評価

Q 上場株式を取得した場合,どのように評価しますか?

◇**事例内容**

会社名		A株式会社
課税時期		平成28年11月29日
配当の基準日		平成28年11月30日
配当の権利落ちの日		平成28年11月28日
株価	平成28年11月27日	1,258円
	平成28年11月28日	1,101円
	平成28年11月29日	1,095円
	平成28年11月30日	1,094円
	平成28年10月平均	1,239円
	平成28年9月平均	1,248円
	平成28年8月平均	1,260円

```
     11/28            11/29           11/30
───────○───────────────○───────────────○──────────→
  配当の権利落ちの日    相続発生      配当の基準日
                      (課税時期)
```

■**計算例**

　A株式の1株当たりの金額は,平成28年10月平均の1,239円で評価することになります。

■評価の考え方

　上場株式の評価は，その株式が上場されている金融商品取引所の公表する課税時期の最終価格と，課税時期の属する月以前3か月間の毎日の最終価格の各月ごとの平均額のうち，最も低い価額によって評価します。

　ただし，課税時期が権利落ちまたは配当落ち（以下「権利落ち等」という）の日から株式の割当て，株式の無償交付または配当金交付の基準日までの間にあるときは，その権利落ち等日の前日以前の最終価格のうち，課税時期に最も近い日の最終価格をもって課税時期の最終価格とします。

　そのため，相談内容では，A株式は平成28年11月28日が権利落ちの日であるため，平成28年11月27日の株価が，課税時期の最終価格となり，その価格と8月～10月の平均額のうち最も低い平成28年10月の平均額を採用することになります。

■根　拠
- 財産評価基本通達169，170

10 その他の財産

(1) 定期金に関する権利の評価（相法24，25，財基第8章第3節）

定期金に関する権利の評価は，定期金給付契約に関する権利を取得した時点において，まず，定期金給付事由が発生しているか否かを区分します。次に，給付事由が発生している定期金に関する権利について，その給付期間の有無により次の4つの区分に応じて評価します。

◇定期金給付事由が発生しているもの

区分		次のうち，いずれか多い金額		
		イ	ロ	ハ
①	有期定期金	当該契約に関する権利を取得した時に契約を解除した場合の解約返戻金	定期金に代えて一時金の給付を受けることができる場合に，権利を取得した時における一時金の金額	当該契約に関する権利を取得した時における定期金の給付を受けるべき残りの期間に応じ，給付を受けるべき金額の1年当たりの平均額に，当該契約に係る予定利率による複利年金現価率を乗じた金額
②	無期定期金	同上	同上	当該契約に関する権利を取得した時における定期金の給付を受けるべき金額の1年当たりの平均額を，当該契約に係る予定利率で除した金額
③	終身定期金	同上	同上	当該契約に関する権利を取得した時におけるその目的とされた者に係る余命年数として政令で定めるものに応じ，当該契約に基づき給付を受けるべき金額の1年当たりの平均額に，当該契約に係る予定利率による複利年金現価率を乗じた金額
④	一時金	その給付金額		

給付事由が発生していない定期金に関する権利については，解約返戻金を支払う旨の定めの有無により，次の３つの区分に応じて評価します。

◇定期金給付事由が発生していないもの

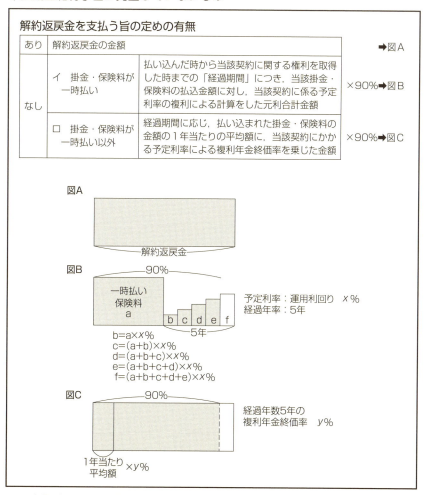

※　定期金に関する権利とは，定期金給付契約に基づいて定期的に金銭その他の給付を受けることを目的とする債権です。具体的には，生命保険契約や損害保険契約で年金の方法により給付を受ける権利などを指します。

(2) 信託受益権の評価（財基202）

① 元本と収益の受益者が同一人である場合

課税時期における信託財産の価額により評価します。

◇元本と収益の受益者が同一人である場合の信託受益権の評価

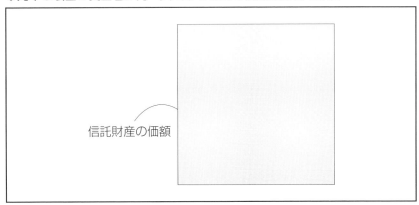

② 元本と収益の受益者が元本および収益の一部を受ける場合

課税時期における信託財産の価額にその受益割合を乗じて計算した価額により評価します。

◇元本と収益の受益者が元本および収益の一部を受ける場合の信託受益権の評価

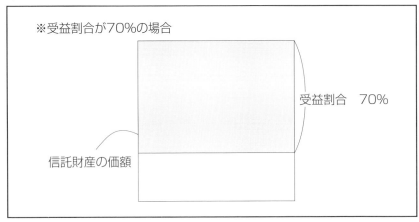

③ 元本の受益者と収益の受益者が異なる場合
(イ) 元本を受益する場合

課税時期における信託財産の価額から(ロ)により評価した収益受益者に帰属する信託の利益を受ける権利の価額を控除した価額により評価します。

(イ) 元本のみ受益する場合の信託受益権の評価

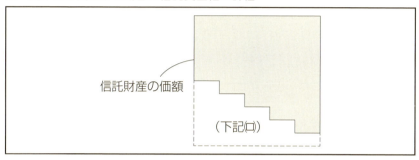

(ロ) 収益を受益する場合

課税時期の現況により推算した受益者が将来受けるべき利益の価額ごとに課税時期からそれぞれの受益の時期までの期間に応ずる基準年利率による複利現価率を乗じて計算した金額の合計額により評価します。

(ロ) 収益のみ受益する場合の信託受益権の評価

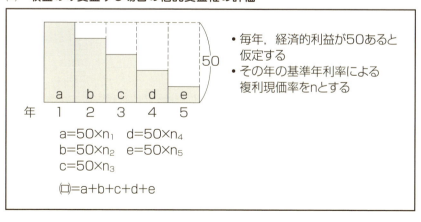

- 毎年、経済的利益が50あると仮定する
- その年の基準年利率による複利現価率をnとする

$a = 50 \times n_1$ $d = 50 \times n_4$
$b = 50 \times n_2$ $e = 50 \times n_5$
$c = 50 \times n_3$

(ロ) $= a + b + c + d + e$

(3) 貸付金債権の評価（財基204，205）

貸付金，売掛金，未収入金，預け金（預貯金以外），仮払金，その他これらに類するものの価額は次の算式により評価します。

元本の価額＋既経過利息

◇貸付金債権の評価

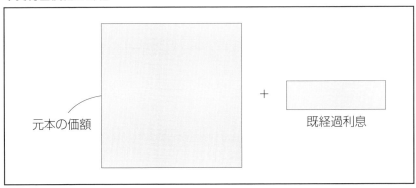

なお，貸付債権等の評価をする場合において，その債権金額の全部または一部について，課税時期において一定の事実が発生しているときその他その回収が不可能または著しく困難であると見込まれるときには，それらの金額は元本の価額に算入しないこととされています。

◇一定の事実が発生している場合の貸付金債権の評価

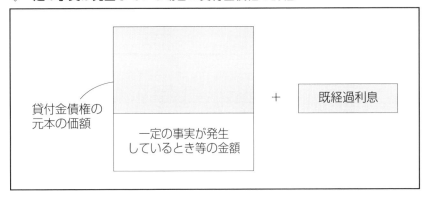

(4) 生命保険契約に関する権利の評価（財基214）

　相続開始の時において，まだ保険事故が発生していない生命保険契約に関する権利の価額は，相続開始の時において，当該契約を解約するとした場合に支払われることとなる解約返戻金の額により評価します。

　解約返戻金のほかに支払われることとなる前納保険料の金額，剰余金の分配額等がある場合にはこれらの金額を加算し，解約返戻金の額につき源泉徴収されるべき所得税の額に相当する金額がある場合にはその金額を差し引いた金額により生命保険契約に関する権利の価額を評価することとなります。

> 解約返戻金＋前納保険料＋剰余金の分配－源泉所得税

◇生命保険契約に関する権利の評価

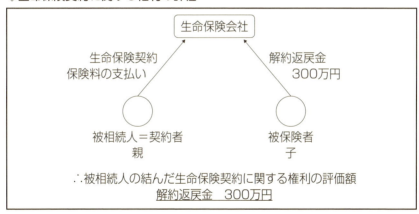

　なお，掛け捨てとなる生命保険契約で解約返戻金のないものは評価しないこととなります。

事例　信託受益権の評価

Q 貸マンションを信託財産として運用していた場合において，元本受益者と収益受益者が異なるときには，この信託受益権をどのように評価しますか。

◇事例内容

- 貸マンションの価額…100,000,000円
- 年間総収益…10,000,000円
- 信託期間…10年
- 経過年数…2年

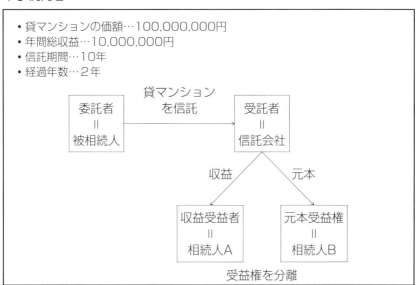

受益権を分離

■計算例
(単位：千円)

	収益 (A)	複利現価率 (B)	A×B	収益受益権 評価	元本受益権 評価	信託財産 評価
課税時期				79,920	20,080	100,000
1年後	10,000	1.000	10,000	69,920	30,080	100,000
2年後	10,000	1.000	10,000	59,920	40,080	100,000
3年後	10,000	1.000	10,000	49,920	50,080	100,000
4年後	10,000	1.000	10,000	39,920	60,080	100,000
5年後	10,000	1.000	10,000	29,920	70,080	100,000
6年後	10,000	0.999	9,990	19,930	80,070	100,000
7年後	10,000	0.997	9,970	9,960	90,040	100,000
8年後	10,000	0.996	9,960	0	100,000	100,000

■評価の考え方

　元本の受益者と収益の受益者とが異なる場合においては，次のように評価することになります。

① 　元本を受益する場合は，財産評価基本通達の定めるところにより評価した課税時期における信託財産の価額から，②により評価した収益受益者に帰属する信託の利益を受ける権利の価額を控除した価額

② 　収益を受益する場合は，課税時期の現況において推算した受益者が将来受けるべき利益の価額ごとに課税時期からそれぞれの受益の時期までの期間に応ずる基準年利率を乗じて計算した金額の合計額

■根　拠
- 財産評価基本通達202

> **Column** 財産評価基本通達6について

> 財産評価基本通達（この通達の定めにより難い場合の評価）
> 6　この通達の定めによって評価することが著しく不適当と認められる財産の価額は，国税庁長官の指示を受けて評価する。

過去の判例において，

> 1．時価とは，客観的交換価値
> 2．評価通達が定める評価方法による財産の評価は，その評価方法が合理性を有し，相続税法第22条にいう時価を超えないものである限り適法
> 3．評価通達による評価が，時価の評価として合理性を有する限り評価通達による評価を行う必要がある
> 4．評価通達による評価方法によらないことが正当と是認される「特別の事情（財産評価基本通達6における「著しく不適当」）」がある場合には，別の合理的な評価方法によることが許される

とされており，その場合における「特別の事情（著しく不適当）」については，

> 1．評価通達による評価方法を形式的に適用することの合理性が欠如していること
> 2．他の合理的な時価の評価方法が存在すること
> 3．評価通達による評価方法に従った価額と他の合理的な時価の評価方法による価額の間に著しい乖離が存在すること
> 4．納税者の行為が存在し，上記3との間に関連があること

の4点が判断基準と考えられています。

したがって，節税型の評価においては，上記の4点に該当しないことに留意して財産評価基本通達における評価を行う必要があります。

第4章
資産承継の事例集・判例集

1 建物の生前承継

Q 個人で賃貸用の不動産（土地・建物）を3棟所有しており，毎年の所得税の負担が大きいことや今後の相続税の納税について不安があります。今から採用できる対策方法はありますか。

◇**事例内容**

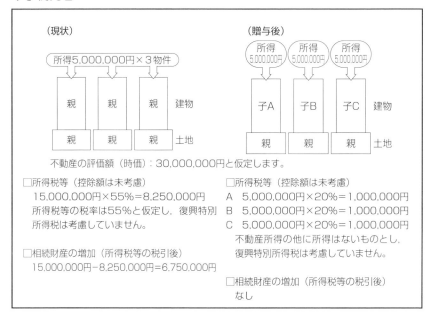

■**計算例**

【贈与税額の算定】

　　（30,000,000円 － 1,100,000円）× 45％ － 2,650,000円 ＝ 10,355,000円

　　10,355,000円 × 3人分 ＝ 31,065,000円

暦年贈与と仮定し，直系尊属から20歳以上の者へ贈与したものと仮定します。

その他不動産取得税等の諸費用がかかってきます。

【節税額】

税負担の減少　△5,250,000円／年間

相続税の増加抑制　△3,712,500円／年間

相続財産の増加抑制　△6,750,000円／年間

△6,750,000円×55％＝△3,712,500円

相続税の税率は55％と仮定し，控除額は考慮していません。

■承継の考え方

　本ケースは，賃貸用の不動産（土地・建物）を3棟所有しており，所得税において最高税率が適用される会社の代表を務める個人の方からご相談をいただいたものです。毎年の所得税の負担が大きいこと，相続税の納税資金を確保したいというのがその相談内容でした。

　その対策としては，後継者が3名いたので，不動産（建物のみ）を1棟ずつ贈与する方法を採用しました。その効果として，①不動産から生じる収益が後継者に帰属することとなり，②相続財産の増加を抑制でき，③相続税の納税資金の確保にもつながりました。

　なお，贈与税の負担については，後継者が納税することとなりますので，土地と建物を贈与する場合と建物のみを贈与する場合とで比較検討をする必要があります。本ケースでは，金額の負担感から建物のみを贈与することとしました。

　また，相続時精算課税制度を利用することも検討するとよいでしょう。

2　不動産の法人への売却

Q　個人で賃貸用の不動産（土地・建物）を所有しており，毎年の所得税の負担が大きいことや今後の相続税の納税について不安があります。そこで不動産管理会社を設立することを勧められていますがどのような税効果が得られますか。

◇事例内容

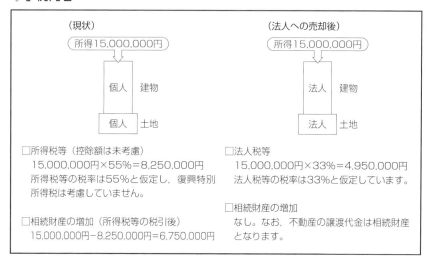

■計算例

【譲渡所得税額の算定】

　（90,000,000円 － 90,000,000円 × 5％）× 20％ ＝ 17,100,000円

譲渡価額の5％を取得費として計算しています。

復興特別所得税は考慮していません。

その他不動産取得税等の諸費用がかかってきます。

【節税額】

　　税負担の減少　△3,300,000円／年間

　　相続税の増加抑制　△3,712,500円／年間

　　相続財産の増加抑制　△6,750,000円／年間

　△6,750,000円×55％＝△3,712,500円

相続税の税率は55％と仮定し，控除額は考慮していません。

■承継の考え方

　本ケースは，賃貸用の不動産（土地・建物）を所有しており，相続財産も最高税率が適用されるような個人の方が，銀行から不動産管理会社の設立を勧められ，その効果についてご相談をいただいたものです。

　その承継手法としては，不動産を管理するための新設法人を設立し，個人からその法人へ不動産を売却する方法です。その効果として，①不動産から生じる収益が不動産管理会社に帰属するため所得税から法人税の範疇となり，その税率差について税効果が期待できます。次に，これまで個人の財産を増加させていた不動産収入が入らなくなるため，②相続財産の増加を抑制できます。また，後継者がいる場合には，後継者に不動産管理会社の株主となってもらうことで会社から配当として現金を渡すこと，役員・従業員となってもらうことで報酬・給与として現金を渡すことができるため，③相続税の納税資金の準備にもつながります。

　なお，法人は譲渡代金の準備が必要となるため，土地と建物を譲渡する場合と建物のみを譲渡する場合とで負担額の比較検討をする必要があります。また，税効果についても長期的な視野で比較する必要があります。

3 不動産の法人から個人への売却

Q 法人で不動産賃貸業を営んでいます。不動産の時価が下がっていますが、これを利用して個人の相続税対策をする方法はありますか。

◇**事例内容**

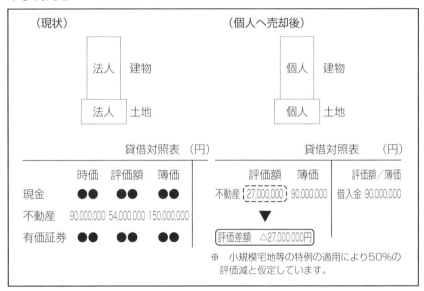

■**計算例**

【売却時】

　法人の譲渡損　△60,000,000円

　その他不動産取得税等の諸費用がかかってきます。

【節税額】

法人キャッシュフロー改善額　△19,800,000円

※　△60,000,000円×33％＝△19,800,000円
　　法人税等の税率を33％と仮定しています。

相続税の減少　△34,650,000円

※　△63,000,000円×55％＝△34,650,000円
　　相続財産の減少　△63,000,000円
　　相続税の税率は55％と仮定し，控除額は考慮していません。

■**承継の考え方**

　本ケースは，相続税対策のご相談でした。この方は，法人で不動産賃貸事業を営んでおり，その不動産に含み損があるものでした。また，この不動産賃貸事業を個人で営んだ場合には，相続時に小規模宅地等の特例の適用要件を充足していました。そこで，この不動産を利用して相続税対策へつなげる手法を採用することにしました。

　その効果としては，まず不動産を個人へ売却し，含み損を実現させることで，法人で節税効果があります。相続時には小規模宅地等の特例の適用により，土地の評価額を50％減額できるものでしたので，相続税の節税効果も期待できる事例でした。

　なお，個人で不動産を譲り受けるための資金を準備する必要があります。不動産の取得後は，不動産収入を得ることになるので個人所得税の負担が重くなることに留意する必要があります。そのため，税効果については長期的な視野で比較検討する必要があります。

■**根　拠**

・租税特別措置法第69条の4

4 著作権の生前承継

Q 著作権を生前に贈与する場合の課税関係と評価額の計算方法を教えてください。

◇**事例内容**

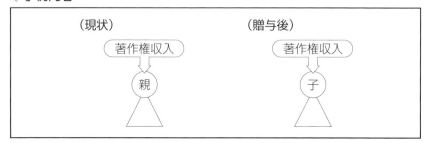

■**計算例**

【著作権の評価】

(1) 年平均印税収入の額

　　（①＋②＋③）／3年＝2,000,000円

　　課税時期の属する年の前年の印税収入　3,000,000円…①

　　上記の前々年の印税収入　2,000,000円…②

　　上記の前々々年の印税収入　1,000,000円…③

(2) 印税収入期間が10年と推算される場合の評価倍率

　　課税時期の10年（基準年利率）に応ずる複利年金現価率…9.995

(3) 著作権の評価額

　　2,000,000円 × 0.5 × 9.995 ＝ 9,995,000円

【贈与税額の計算】

　（9,995,000円 － 1,100,000円）× 30％ － 900,000円 ＝ 1,768,500円

暦年贈与と仮定し，直系尊属から20歳以上の者へ贈与したものと仮定します。

■承継の考え方

　著作権は，創作時点で自然に発生する権利です。そのため相続財産に該当することとなります。将来のことを見越して生前から著作権の所有者を整理する場合があるかと思います。本ケースは，著作権を生前に贈与する場合です。その課税関係としては，受贈者に取得した著作権の評価額に応じた贈与税の納税義務が生じることになります。贈与税の計算に必要な課税価格となる著作権の評価は，財産評価基本通達に基づき算定します。

　早めに著作権の所有を移すことで，著作権から生じる所得の帰属を後継者へ移すことができるので，所得が分散され，①所得税率が下がる効果が期待でき，②相続財産の増加を抑制する効果があります。また，後継者については，著作権収入を得られることとなりますので，③相続税の納税資金の準備ができることとなります。

■根　拠

- 財産評価基本通達148

5 信託受益権化

Q 相続財産のほとんどが自社株式で構成されており，相続税の納税資金が心配です。会社の支配権はこの先も持ち続けていきたいと考えていますが，自社株式からの配当金を後継者へ渡す方法はありますか。

◇事例内容

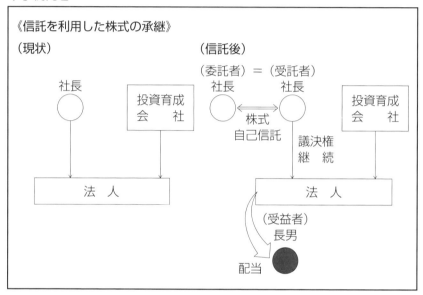

■計算例

【贈与税額】

（100,000,000円 － 1,100,000円）× 55％ － 6,400,000円 ＝ 47,995,000円

暦年贈与と仮定し，直系尊属から20歳以上の者へ贈与したものと仮定します。

【受益権の評価】

　　信託された株式の評価額　100,000,000円

　　受益権の評価 ＝ 信託された財産の価額 → 信託された株式の評価額

■承継の考え方

　本ケースは，社長は会社の支配権を継続したいが，自社株式から得られる配当金は後継者へ渡したいという要望に応えた事例です。

　このような場合には，信託を利用した株式の承継手法が考えられます。また，種類株式を導入する方法も考えられます。種類株式としては拒否権付株式（黄金株）を発行し，これを社長が保有し，社長が保有する普通株式を長男へ承継する方法です。しかしながら，種類株式を発行する場合には全株主の同意が必要となります。本ケースの場合には株主の中に投資育成会社がいたため，種類株式の活用は見送ることとなりました。

　そこで信託を活用する場合ですが，社長が保有する株式について信託契約を結ぶこととなるため，委託者（社長）と受託者（社長）の同意が得られれば実行できることとなります。本ケースでは委託者＝受託者の自己信託を行いました。信託内容について公正証書を作成することで効力を生じさせました。信託を活用すると，受託者（社長）が株主となり，信託の目的に従い受託者が株主の権利を行使し，受益者（後継者）が経済的価値を享受できることとなります。信託後の株式から得られる配当の帰属は後継者となり，社長の相続財産の増加を抑制することができます。

　本ケースの課税関係については，信託された株式の所有権を有するのは受託者ですが，税務上は原則として，受益者が信託財産である株式を有しているとみなします。したがって，信託の効力発生時において，社長から長男（受益者）へ贈与があったものとみなして贈与税が課されることとなります。

■根　拠
・相続税法第9条の2①

6 セットバックを必要とする土地

Q 以下のような土地の場合，評価はどのように行いますか。

◇**事例内容**

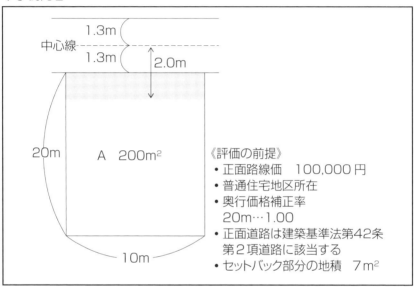

■**計算例**

【通常の評価額】　奥行距離20mに係る
　　正面路線価　　奥行価格補正率
　　100,000円　×　　1.00　　× 200㎡ = 20,000,000円…①

【セットバック対象部分の計算を行う】
　　① × 7㎡／200㎡ × 70% = 490,000円…②

【評価対象地の計算を行う】
　　① - ② = 19,510,000円

■評価の考え方
　セットバックを必要とする土地の評価は，通常の評価額から将来道路敷きとして提供しなければならない部分を控除して算出します。

■留意点
　セットバックが必要な宅地とは，建築基準法第42条第2項に規定する道路に面している土地をいいます。建築基準法において建築物は原則として，幅員4m以上の道路に2m以上接道することを必要としていますが，すでに建築物が立ち並ぶ幅員4m未満の道で特定行政庁の指定したものは道路とみなされます。つまり，経過的措置として既存の建築物の建替えを行うまでは，4m未満の幅員でも道路とみなすものとされています。よって，将来建築物の建替えを行う際には原則としてその道路の中心線より2mの位置まで道路を拡幅しなければならず，財産価値の減少を考慮した評価となっています。

　なお，役所において道路種別の確認（2項道路該当有無）や道路幅員図，建築計画概要書において，セットバックの既済，中心線の調査などが行えます。ただし，道路幅員図などに道路幅員が4mとの記載があったとしても，実際に現地を確認すると，道路幅員が4mに満たないことがあるため，注意が必要です。

■参　考
　建築基準法第42条第1項において「道路」とは下記①〜⑤に該当する幅員4m以上のものをいいます。
　① 42条1項1号：道路法による道路
　② 42条1項2号：都市計画法その他法令による道路
　③ 42条1項3号：建築基準法が適用される以前から存する道路
　④ 42条1項4号：事業計画のある特定行政庁指定の道路
　⑤ 42条1項5号：特定行政庁からその位置の指定を受けた道路

■根　拠
　・財産評価基本通達24-6

7 影響加算率の接道按分

Q 以下の図のような土地の場合，二方路線影響加算率の計算はどのように行いますか。

◇事例内容

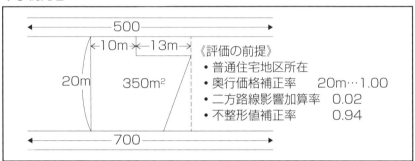

■計算例

```
正面路線価    奥行価格補正率
700,000円  ×      1.00      = 700,000円…①

           奥行価格   二方路線
裏面路線価   補正率   影響加算率   接道按分
500,000円 ×  1.00  ×   0.02   ×10m/10m+13m = 4,347円 …②

              不整形地補正率
(① + ②) ×      0.94      × 350m² = 231,730,100円
```

■評価の考え方

　正面のほか，側方や裏面に路線がある宅地の価額は，一方のみの路線に接道している場合に比し利便性が向上するため，その効用を正面路線価に加算して評価額を算出します。また，側方路線や二方路線が，その宅地に係る想定整形地の間口距離の一部にのみ接している場合は，その想定整形地の間口距離のうち各路線が接する部分の割合により，加算率を調整します。

■誤りやすい例

　留意点として，想定整形地の間口距離と側方・二方路線の接する距離との差異が僅少である場合にも加算額の調整を行うことが挙げられます。当該差異がある場合，整形な土地に比して側方・裏面路線の及ぼす影響がまったく同じであるということはできず，差異が僅少である場合にも加算額の調整を行うべきと考えられます。

■根　拠

- 財産評価基本通達16，17
- 国税庁ホームページ「質疑応答事例」
- 裁決事例　TAINS（F0-3-152）

8 路線価が土地へ与える影響度による正面路線価の判定

Q 以下の図のような土地の場合，評価はどのように行いますか。

◇事例内容

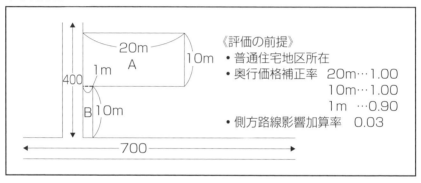

■計算例

【土地Ａの評価】

　　正面路線価　　奥行価格補正率
　　400,000円　×　　　1.00　　　＝ 400,000円…①

　　① × 200m² ＝ 80,000,000円…②

【土地Ｂの評価】

　　正面路線価　　奥行価格補正率
　　400,000円　×　　　0.90　　　＝ 360,000円…③

側方路線影響加算率

　　側方路線価　　奥行価格補正率　　側方路線影響加算率
　　700,000円　×　　　1.00　　×　　　0.03　　　＝ 21,000円…④

　　(③ + ④) × 10m² ＝ 3,810,000円…⑤

【評価額】

　　② + ⑤ ＝ 83,810,000円

■評価の考え方

　正面路線は原則として，その宅地の接する各路線価に奥行価格補正率を乗じて計算した金額の最も高いものが選択されますが，左図のように路線価の高い路線に接する部分が狭小であるなど，その路線から受ける影響が著しく低い場合には，その土地が影響を受ける度合いが最も高いと認められる路線を正面路線として取り扱っても差し支えないものと考えられます。

　また，左図のような帯状部分を有する土地について，形式的に不整形地補正を行うとかげ地割合が過大となり，帯状部分以外の部分を単独で評価した価額より低い不合理な価額となるため，不整形地としての評価は行わないものと考えられます。

■誤りやすい例

　誤りやすいのは，700,000円の路線価を正面路線とし，旗竿地として評価してしまう場合です。左図の場合，不整形地補正や接道義務を満たさない土地として評価を行っても，区分計算による評価額を上回ってしまうことになります。

■根　拠

- 国税庁ホームページ「質疑応答事例」

9 側方路線影響加算を行わず,二方路線影響加算を行う場合

Q 以下の図のような土地の場合,評価はどのように行いますか。

◇事例内容

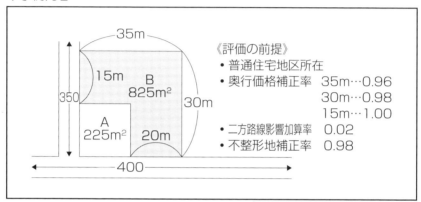

《評価の前提》
- 普通住宅地区所在
- 奥行価格補正率　35m…0.96
　　　　　　　　　30m…0.98
　　　　　　　　　15m…1.00
- 二方路線影響加算率　0.02
- 不整形地補正率　0.98

■計算例

【土地ABを合わせた全体の整形地について奥行価格補正を行う】

正面路線価　　奥行距離30mに係る
　　　　　　　奥行価格補正率
400,000円　×　　0.98　　× (825m² + 225m²) = 411,600,000円…①

正面路線価　　奥行距離15mに係る
　　　　　　　奥行価格補正率
400,000円　×　　1.00　　× 225m² = 90,000,000円…②

(① − ②) ÷ 825m² = 389,818円…③

【側方路線影響加算額の計算を行う】

側方路線の　　奥行距離30mに係る　　二方路線
　路線価　　　奥行価格補正率　　　影響加算率
350,000円　×　　0.96　　×　　0.02　　= 6,720円…④

　　　　接道按分
④ × 15m/15m+15m = 3,360円…⑤

【不整形地補正を行い評価額を算出する】

$$(③+⑤) \times 825\text{m}^2 \times \underset{0.98}{\overset{\text{不整形地補正率}}{}} = 317{,}884{,}413\text{円}$$

■評価の考え方

　その他の条件が同一である場合，裏面に路線がある土地は側方に路線がある土地に比し，一般的に宅地の有する効用は低いものと考えられます。図のような土地の場合，一見側方に路線を有しているように見えますが，その側方が実際に角地としての効用を有しないと認められるときは，側方影響加算によらず二方路線影響加算により評価を行うことが相当と考えられます。

　また，側方路線影響加算額を上記に変え，土地ＡＢを合わせた全体の整形地について奥行価格補正を行う方法により算出することも認められています。

■誤りやすい例

　評価対象地の角にかげ地がある場合においても，そのかげ地部分が小さく実態として角地としての効用を有する場合は，側方路線影響加算を行う必要があるものと考えられます。逆に，かげ地部分が小さくても当該かげ地に構築物が存しているなど，実態として評価対象地が角地の効用を得られない場合は二方路線影響加算によることによる評価減の余地も考えられるため，実務においては現地調査により評価対象地周辺の情報を得ることが重要です。

■根　拠

- 財産評価基本通達16・17
- 国税庁ホームページ「質疑応答事例」

10 無道路地または接道義務未充足地

Q 以下の図のような土地の場合、評価はどのように行いますか。

◇**事例内容**

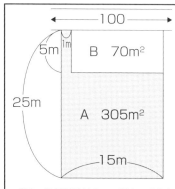

《評価の前提》
- 普通住宅地区所在
- 奥行価格補正率　25m…0.99
　　　　　　　　　5m…0.92＜1.00　∴1.00（注）
- 不整形地補正率　0.96
- 間口狭小補正率　0.90
- 奥行長大補正率　0.90

（注）奥行距離が5mの場合の奥行価格補正率は「0.92」ですが、「0.92」とすると評価対象地Aと前面宅地Bを合わせた整形地の奥行価格補正後の単価より、道路に接する部分が欠落している不整形地の奥行価格補正後の単価が高くなり不合理なので、このように前面宅地の奥行距離が短いため奥行価格補正率が1.00未満となる場合においては、当該奥行価格補正率は1.00とします。
　　　ただし、評価対象地Aと前面宅地Bを合わせて評価する場合において奥行距離が短いため奥行価格補正率が1.00未満の数値となる場合には、前面宅地の奥行価格補正率もその数値とします。

■**計算例**

【土地ABを合わせた全体の整形地について奥行価格補正を行う】

　　　　　　　　　奥行距離25mに係る
　　正面路線価　　奥行価格補正率
　　100,000円　×　　0.99　　　×（305m^2＋70m^2）＝37,125,000円…①

【前面宅地の計算を行う】

　　　　　　　　　奥行距離5mに係る
　　正面路線価　　奥行価格補正率
　　100,000円　×　　1.00　　　　×70m^2 ＝ 7,000,000円…②

【評価対象地の計算を行う】

　　　①－② ＝ 30,125,000円…③

【間口狭小・奥行長大補正を行う】

　　③ × 0.81 ＝ 24,401,250円…④

【通路拡幅部分の価額の計算を行う】

$$\frac{\text{正面路線価}}{100,000円} \times \frac{\text{通路部分の地積}}{5\,\text{m}^2} = 500,000円 ＜ ④ \times 0.4$$

【評価額】

　　④ － 500,000円 ＝ 23,901,250円

■評価の考え方

　無道路地または接道義務未充足地の評価は，実際に利用している路線の路線価に基づいた不整形地補正後の価額から，無道路地であることの斟酌として，その価額の100分の40範囲での金額を控除した価額によります。その斟酌とは，各種法令における接道義務に基づいた最小限度の通路を開設する場合の，その通路に相当する部分の価額とされています。

■誤りやすい例

　無道路地とは，道路に直接接しない宅地（接道義務を満たさない土地を含む）をいいますが，その土地が袋地である場合においても囲繞地（いにょうち）に地役権等を設定して通行の用に供している場合には，無道路地評価を行わないことに留意が必要です。

　また，建築基準法において建築物の敷地は，道路に2m以上接しなければならないとされていますが，2mは最低限の接道距離であるため，無道路地の評価にあたっては現地調査および地方公共団体が定める条例を確認することが必要です。

■根　拠

・財産評価基本通達20-2
・国税庁ホームページ「質疑応答事例」

11 共有物分割と税務（共有状態の解消について）

Q 以下の図のような土地の持分を共有物分割により整理する場合，どのような留意点がありますか。

◇事例内容

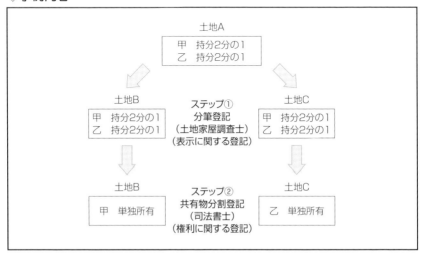

■共有物分割とは（現物分割に限る）

共有物分割とは，共有状態にある土地について，自己に帰属する持分を他の共有者に帰属させ，他の共有者に帰属する持分を自己に帰属させることにより，共有状態を解消する方法です。

■留意点

税務上，共有地の分割により一の効用を成す土地を，その持分に応じて現物分割した場合，資産の譲渡に該当しないこととなります。一見，土地の交換による資産の譲渡に該当するように見えますが，図のような一の効用を成す土地の持分に応ずる現物分割は，共有持分権がその土地の一部に集約されたに過ぎず，その共有地に発生した値上り益が実現したとは取り扱われないため，資産の譲渡に該当せず申告も必要ありませ

ん。

ただし、分筆後の土地の価額比が持分比に応じていない場合には注意が必要となります。課税関係を生じさせないための持分に応じた現物分割とは、その持分比と地積比の一致ではなく、その持分比と分筆後の価額比を一致させることが必要となります。例えば、100m^{2}の土地を50m^{2}ずつの土地となるように分筆ラインを引いても、地型・道路付けその他の事情により、その価額比は2分の1とならないことがほとんどです。よって、分筆前にその持分比が分筆後の価額比と一致するようシミュレーションを行うことが必要です。また、効用を一にしない2以上の土地について共有物分割を行う場合や、現物分割以外の共有物分割（換価分割・価格賠償）を行った場合には、譲渡や贈与に該当する可能性があります（固定資産の交換特例の要件を満たす場合には、別途所得税法第58条の適用があります）。

なお、不動産登記を行うにあたり、ステップ①として土地家屋調査士による分筆登記（表示に関する登記）を行い、ステップ②として司法書士による共有物分割登記（権利に関する登記）を行いますが、共有物分割登記については、分筆後の両土地について同時に登記申請を行うことにより所有権移転登記に係る登録免許税が1,000分の4（売買・交換等の場合、1,000分の20）となります。

■共有地の分割と固定資産の交換特例の比較

	共有地の分割	固定資産の交換特例
申告	不要	必要
所得税	課税されない	課税されない（交換差金がない場合）
不動産取得税	課税されない	課税される
登録免許税	1,000分の4	1,000分の20

■根　拠
- 所得税法第58条
- 所得税法基本通達33-1の6

12 負担付贈与を行った場合の課税関係

Q 以下の図のように，家屋およびその家屋に紐付く借入金を同時に贈与した場合の贈与税の計算は，どのように行いますか。

◇事例内容

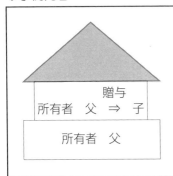

《前提》
- 家屋の相続税評価額　5,000万円
- 家屋の通常の取引価額　10,000万円
- 借入金　5,000万円
- 家屋および借入金を，父から子へ負担付贈与（特例・暦年贈与）

■計算例

【受贈財産の価額計算】

　　通常の取引　　借入金の価額
　100,000,000円 － 50,000,000円 ＝ 50,000,000円…①

【贈与税額の計算】

　（① － 1,100,000円）＝ 48,900,000円…②

　② × 55％ － 6,400,000円 ＝ 20,495,000円

■評価の考え方

個人間における通常の暦年贈与の計算は，その暦年において贈与を受けた財産のその贈与時の価額の合計額から，基礎控除額を控除した価額に，累進税率を乗じて行います。また，その財産の価額は時価によるものとし，その時価は不特定多数の当事者間で自由な取引が行われる場合に通常成立すると認められる価額をいい，基本的にその計算は評価の安全性，評価の統一性，評価の簡便性を担保することにより，財産評価基

本通達に委ねられています。ただし，図のような家屋およびそれに紐付く借入金を同時に贈与するような負担付贈与をした場合，仮にその家屋の評価額を財産評価基本通達で算出したのであれば，負の財産である借入金5,000万円と打ち消され，贈与税が算出されずに，子に5,000万円相当の価値移転が生ずることとなります。この租税回避行為に対して，税負担の公平を図るため，平成元年4月1日以後の負担付贈与により取得したものについては，その価額を通常の取引価額により評価することが負担付贈与通達に定められました。

■留意点

　収益を生ずる賃貸物件等を生前において次世代に贈与し，賃料の積み上がりによる相続財産の増加を防ぐといったスキームが散見されます。敷金付きの貸家の贈与が行われた場合において，建物の所有権が移転したときは，賃貸人の地位も当然に新所有者に移転すると考えられています。このとき，新旧所有者間に敷金の引継ぎがなくても敷金の返還義務は新所有者に承継されるため，上記のような租税回避の意思がない場合においても，敷金について何ら手当てをしなければ，形式上，負担付贈与に該当することとなってしまいます。この場合，贈与税の課税価額は通常の取引価額となり，一般的に単純贈与に比し高額となるため，当該敷金返還債務に相当する現金等の贈与を同時に行うなど，負担付贈与に該当しないための手当てが必要となります。

■根　拠

- 個別通達「負担付贈与又は対価を伴う取引により取得した土地等及び家屋等に係る評価並びに相続税法第7条及び第9条の規定の適用について」
- 国税庁ホームページ「質疑応答事例」

13 自用地と土地の上に存する権利からなる宅地に対する小規模宅地の特例の適用

Q 以下の図のような土地の場合，小規模宅地の特例の適用について，どのように行いますか。

◇事例内容

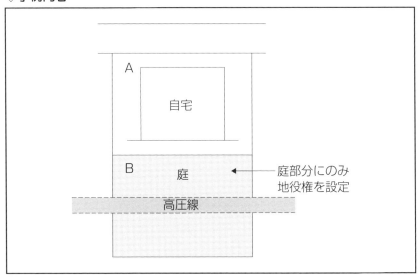

■**考え方**

　区分地上権に準ずる地役権の承役地として，特別高圧架空電線の架設等の目的となっている宅地の評価額は，当該宅地の自用地としての価額から区分地上権に準ずる地役権の価額を控除した価額によります。また，地役権が一画地の宅地の一部に設定されているときの地役権の評価の範囲は，その一画地の宅地のうち地役権が設定されている部分の地積に対応する価額となります。上図のような宅地の場合，Bを含めて自宅を一画地の宅地として評価しますが，小規模宅地の特例の適用においては，AとBが独立して存しているものとして減額を行います。つまり，小規模宅地等の選択においてはBの地役権による減額金額をAに影響さ

せず，Aの自用地評価部分から課税特例を優先的に適用することができます。なお，この考え方については地役権や地上権のみならず，自用地とその自用地に隣接する借地権を一体利用することにより，一画地の宅地として評価する場合も同様です。

■根　拠
- 財産評価基本通達27-5
- 国税庁ホームページ「質疑応答事例」

巻末付録

【事業承継診断票（相対用）】

〈事業承継診断票（相対用）〉

企業名：　　　　　　　　　　　　　　　　取扱い支援機関名：

事業承継ヒアリングシート

経営者の年齢：　　　　歳　　　　業種：

従業員数：　　　　人　　　　売上：　　　　百万円

Q1　会社の10年後の夢について語り合える後継者候補がいますか。
　　□ はい　　それは誰ですか？　□ いいえ
　　　　　　　【　　　　　　　】
　　※「はい」→Q2，「いいえ」→Q7へお進みください。

Q2　候補者本人に対して，会社を託す意思があることを明確に伝えましたか。
　　□ はい　　　　　　　　　　　□ いいえ
　　※「はい」→Q3～Q6，「いいえ」→Q8～Q9をお答えください。

Q3　候補者に対する経営者教育や，人脈・技術などの引継ぎ等，具体的な準備を進めていますか。
　　□ はい　　　　　　　　　　　□ いいえ

Q4　役員や従業員，取引先など関係者の理解や協力が得られるよう取組んでいますか。
　　□ はい　　　　　　　　　　　□ いいえ

Q5　事業承継に向けた準備（財務，税務，人事等の総点検）に取りかかっていますか。
　　□ はい　　　　　　　　　　　□ いいえ

Q6　事業承継の準備を相談する先がありますか。
　　□ はい　　それは誰ですか？　□ いいえ
　　　　　　　【　　　　　　　】

Q7　親族内や役員・従業員等の中で後継者候補にしたい人材はいますか。
　　□ はい　　　　　　　　　　　□ いいえ
　　※「はい」→Q8～Q9，「いいえ」→Q10～Q11をお答えください。

Q8　事業承継を行うためには，候補者を説得し，合意を得た後，後継者教育や引継ぎなどを行う準備期間が必要ですが，その時間を十分にとることができますか。
　　□ はい　　　　　　　　　　　□ いいえ

Q9　未だに後継者に承継の打診をしていない理由が明確ですか。（後継者がまだ若すぎる　など）
　　□ はい　　　　　　　　　　　□ いいえ

Q10　事業を売却や譲渡などによって引継ぐ相手先の候補はありますか。
　　□ はい　　　　　　　　　　　□ いいえ

Q11　事業の売却や譲渡などについて，相談する専門家はいますか。実際に相談を行っていますか。
　　□ はい　　それは誰ですか？　□ いいえ
　　□ はい　　【　　　　　　　】□ いいえ

Q3～Q6で1つ以上「いいえ」と回答した方…円滑に事業承継を進めていくために，事業承継計画の策定による計画的な取り組みが求められます。
Q8～Q9で1つ以上「いいえ」と回答した方…企業の存続に向けて，具体的に事業承継についての課題の整理や方向性の検討を行う必要があります。
Q10～Q11で1つ以上「いいえ」と回答した方…事業引継ぎ支援センターにご相談ください。

（出典：中小企業庁「事業承継ガイドライン」）

【平成28年分の基準年利率】

(単位：％)

区分	年数又は期間	平成28年1月	2月	3月	4月	5月	6月	7月	8月	9月	10月	11月	12月
短期	1年	0.01	0.01	0.01	0.01	0.01	0.01	0.01	0.01	0.01	0.01	0.01	0.01
	2年												
中期	3年	0.01	0.01	0.01	0.01	0.01	0.01	0.01	0.01	0.01	0.01	0.01	0.01
	4年												
	5年												
	6年												
長期	7年以上	0.5	0.25	0.1	0.05	0.01	0.01	0.01	0.01	0.05	0.05	0.05	0.1

(注) 課税時期の属する月の年数又は期間に応ずる基準年利率を用いることに留意する。

(出典：国税庁)

【複利表（平成28年3・12月分）】

区分	年数	年0.01%の複利年金現価率	年0.01%の複利現価率	年0.01%の年賦償還率	年2%の複利終価率	区分	年数	年0.1%の複利年金現価率	年0.1%の複利現価率	年0.1%の年賦償還率	年2%の複利終価率
短期	1	1.000	1.000	1.000	1.020		36	35.342	0.965	0.028	2.039
	2	2.000	1.000	0.500	1.040		37	36.306	0.964	0.028	2.080
							38	37.269	0.963	0.027	2.122
区分	年数	年0.01%の複利年金現価率	年0.01%の複利現価率	年0.01%の年賦償還率	年2%の複利終価率		39	38.231	0.962	0.026	2.164
							40	39.191	0.961	0.026	2.208
中期	3	2.999	1.000	0.333	1.061						
	4	3.999	1.000	0.250	1.082		41	40.151	0.960	0.025	2.252
	5	4.999	1.000	0.200	1.104		42	41.110	0.959	0.024	2.297
	6	5.998	0.999	0.167	1.126		43	42.068	0.958	0.024	2.343
							44	43.025	0.957	0.023	2.390
区分	年数	年0.1%の複利年金現価率	年0.1%の複利現価率	年0.1%の年賦償還率	年2%の複利終価率		45	43.981	0.956	0.023	2.437
	7	6.972	0.993	0.143	1.148		46	44.936	0.955	0.022	2.486
	8	7.964	0.992	0.126	1.171		47	45.890	0.954	0.022	2.536
	9	8.955	0.991	0.112	1.195		48	46.843	0.953	0.021	2.587
	10	9.945	0.990	0.101	1.218		49	47.796	0.952	0.021	2.638
							50	48.747	0.951	0.021	2.691
	11	10.934	0.989	0.091	1.243						
	12	11.922	0.988	0.084	1.268		51	49.697	0.950	0.020	2.745
	13	12.909	0.987	0.077	1.293	長期	52	50.646	0.949	0.020	2.800
	14	13.896	0.986	0.072	1.319		53	51.595	0.948	0.019	2.856
	15	14.881	0.985	0.067	1.345		54	52.542	0.947	0.019	2.913
							55	53.489	0.947	0.019	2.971
	16	15.865	0.984	0.063	1.372						
	17	16.848	0.983	0.059	1.400		56	54.434	0.946	0.018	3.031
	18	17.830	0.982	0.056	1.428		57	55.379	0.945	0.018	3.091
	19	18.811	0.981	0.053	1.456		58	56.323	0.944	0.018	3.153
	20	19.792	0.980	0.051	1.485		59	57.265	0.943	0.017	3.216
長期							60	58.207	0.942	0.017	3.281
	21	20.771	0.979	0.048	1.515						
	22	21.749	0.978	0.046	1.545		61	59.148	0.941	0.017	3.346
	23	22.726	0.977	0.044	1.576		62	60.088	0.940	0.017	3.413
	24	23.703	0.976	0.042	1.608		63	61.027	0.939	0.016	3.481
	25	24.678	0.975	0.041	1.640		64	61.965	0.938	0.016	3.551
							65	62.902	0.937	0.016	3.622
	26	25.652	0.974	0.039	1.673						
	27	26.626	0.973	0.038	1.706		66	63.838	0.936	0.016	3.694
	28	27.598	0.972	0.036	1.741		67	64.773	0.935	0.015	3.768
	29	28.569	0.971	0.035	1.775		68	65.708	0.934	0.015	3.844
	30	29.540	0.970	0.034	1.811		69	66.641	0.933	0.015	3.921
							70	67.574	0.932	0.015	3.999
	31	30.509	0.969	0.033	1.847						
	32	31.478	0.969	0.032	1.884						
	33	32.445	0.968	0.031	1.922						
	34	33.412	0.967	0.030	1.960						
	35	34.378	0.966	0.029	1.999						

(注)
1. 複利年金現価率，複利現価率及び年賦償還率は小数点以下第4位を四捨五入により，複利終価率は小数点以下第4位を切捨てにより作成している。
2. 複利年金現価率は，定期借地権等，著作権，営業権，鉱業権等の評価に使用する。
3. 複利現価率は，定期借地権等の評価における経済的利益（保証金等によるもの）の計算並びに特許権，信託受益権，清算中の会社の株式及び無利息債務等の評価に使用する。
4. 年賦償還率は，定期借地権等の評価における経済的利益（差額地代）の計算に使用する。
5. 複利終価率は，標準伐期齢を超える立木の評価に使用する。

(出典：国税庁)

《編者紹介》

株式会社 AGS コンサルティング
　　　　代表取締役会長：蚌澤　　力（かんざわ　ちから）
　　　　代表取締役社長：廣渡　嘉秀（ひろわたり　よしひで）

AGS 税理士法人
　　　　統括代表社員：蚌澤　　力（かんざわ　ちから）
　　　　　　　　　　廣渡　嘉秀（ひろわたり　よしひで）

[AGS Group]
- 本　　　社：〒100-0004　東京都千代田区大手町1-9-5
　　　　　　　　大手町フィナンシャルシティ ノースタワー24階
　　　TEL：03-6803-6710（代）
- 大　　　阪：〒541-0042　大阪府大阪市中央区今橋3-3-13 ニッセイ淀屋橋イースト5F
　　　TEL：06-6232-0600（代）
- 名 古 屋：〒450-0002　愛知県名古屋市中村区名駅4-2-28 名古屋第二埼玉ビル9F
　　　TEL：052-533-6695（代）
- 福　　　岡：〒810-0001　福岡県福岡市中央区天神1-9-17 福岡天神フコク生命ビル13F
　　　TEL：092-737-8211（代）
- Singapore：80 Robinson Road #10-01A, Singapore 068898
　　　TEL　+65-6420-6379

　身近なアカウンティング・ファームとして，単なる経理補助サービスではなく，経営管理全般に関するサービスを創業以来提供している。

司法書士事務所アレックス・カウンセル・アンド・サービシズ
　　　　司法書士：萩原　義春（はぎわら　よしはる）
　　　　司法書士：鈴木　伸一（すずき　しんいち）

- 本　　　社：〒102-0073　東京都千代田区九段北3-2-6 リード東京ビル6階
　　　TEL：03-6272-9663（代）

　会社設立，資金調達，組織再編等，企業法務にかかわる手続きを全面的に支援。良質なリーガルサービスの提供を通じてクライアントの利益に貢献することを使命とする。

〈監修者・執筆者紹介〉

株式会社AGSコンサルティング
AGS税理士法人

(監修)　和田　博行（わだ　ひろゆき）
税理士
昭和42年生まれ。千葉県出身。AGSグループの事業承継の事業責任者として数多くの株式承継案件に関与。オーナーのよき相談相手として日々活動している。

長谷川　裕二（はせがわ　ゆうじ）
税理士
昭和50年生まれ。新潟県出身。AGSグループの事業承継の推進責任者としてオーナーの『想い』を最優先に年間100件程度の案件に関与。

(執筆)　武笠　路弘（むかさ　みちひろ）
税理士
昭和57年生まれ。東京都出身。個人資産税を専門とし、相続・事業承継サービス業務に従事。

福田　洋右（ふくだ　ようすけ）
公認会計士、不動産鑑定士
昭和53年生まれ。鳥取県出身。不動産関連業務を専門とし、相続・事業承継サービス業務に従事。

田迎　治子（たむかえ　はるこ）
税理士
昭和63年生まれ。埼玉県出身。お客様のニーズを捉えながら税務顧問業務・事業承継サービス業務に従事。

(校正)　秋元佳樹・井上智博・岡田辰憲・杉山正章・田村雅幸・近藤翔太・山崎功嗣・粟飯原滋尚・堤亜希

司法書士事務所アレックス・カウンセル・アンド・サービシズ

(監修)　萩原　義春（はぎわら　よしはる）
司法書士
昭和44年生まれ。東京都出身。平成6年司法書士登録。

(執筆)　鈴木　伸一（すずき　しんいち）
司法書士
昭和57年生まれ。福島県出身。平成20年司法書士登録。

図解＆事例	
資産承継の税務・法務・会計	
2017年5月10日　第1版第1刷発行	

編　者	㈱AGSコンサルティング
	AGS税理士法人
	司法書士事務所アレックス・
	カウンセル・アンド・サービシズ
発行者	山　本　　　継
発行所	㈱中央経済社
発売元	㈱中央経済グループ
	パブリッシング

〒101-0051　東京都千代田区神田神保町1-31-2
電話　03（3293）3371（編集代表）
　　　03（3293）3381（営業代表）
http://www.chuokeizai.co.jp/
印刷／文唱堂印刷㈱
製本／㈱関川製本所

©2017
Printed in Japan

＊頁の「欠落」や「順序違い」などがありましたらお取り替えいたしますので発売元までご送付ください。（送料小社負担）
ISBN978-4-502-22651-9　C3034

JCOPY〈出版者著作権管理機構委託出版物〉本書を無断で複写複製（コピー）することは、著作権法上の例外を除き、禁じられています。本書をコピーされる場合は事前に出版者著作権管理機構（JCOPY）の許諾を受けてください。
JCOPY〈http://www.jcopy.or.jp　eメール：info@jcopy.or.jp　電話：03-3513-6969〉

●実務・受験に愛用されている読みやすく正確な内容のロングセラー！

定評ある税の法規・通達集シリーズ

所得税法規集
日本税理士会連合会 編
中央経済社

❶所得税法 ❷同施行令・同施行規則・同関係告示 ❸租税特別措置法（抄）❹同施行令・同施行規則（抄）❺震災特例法・同施行令・同施行規則（抄）❻復興特別所得税に関する政令・同省令 ❼災害減免法・同施行令（抄）❽国外送金等調書提出法・同施行令・同施行規則・同関係告示

所得税取扱通達集
日本税理士会連合会 編
中央経済社

❶所得税取扱通達（基本通達／個別通達）❷租税特別措置法関係通達 ❸国外送金等調書提出法関係通達 ❹災害減免法関係通達 ❺震災特例法関係通達 ❻索引

法人税法規集
日本税理士会連合会 編
中央経済社

❶法人税法 ❷同施行令・同施行規則・法人税申告書一覧表 ❸減価償却耐用年数省令 ❹法人税法関係告示 ❺地方法人税法・同施行令・同施行規則 ❻租税特別措置法（抄）❼同施行令・同施行規則・同関係告示 ❽震災特例法・同施行令・同施行規則（抄）❾復興財源確保法（抄）❿復興特別法人税に関する政令・同省令 ⓫租特透明化法・同施行令・同施行規則

法人税取扱通達集
日本税理士会連合会 編
中央経済社

❶法人税取扱通達（基本通達／個別通達）❷租税特別措置法関係通達（法人税編）❸連結納税基本通達 ❹租税特別措置法関係通達（連結納税編）❺減価償却耐用年数省令 ❻機械装置の細目と個別年数 ❼耐用年数の適用等に関する取扱通達 ❽震災特例法関係通達 ❾復興特別法人税関係通達 ❿索引

相続税法規通達集
日本税理士会連合会 編
中央経済社

❶相続税法 ❷同施行令・同施行規則・同関係告示 ❸土地評価審議会令・同省令 ❹相続税法基本通達 ❺財産評価基本通達 ❻相続税法関係個別通達 ❼租税特別措置法 ❽同施行令・同施行規則（抄）・同関係告示 ❾租税特別措置法（相続税法の特例）関係通達 ❿震災特例法・同施行令・同施行規則（抄）・同関係告示 ⓫震災特例法関係通達 ⓬災害減免法・同施行令（抄）⓭国外送金等調書提出法・同施行令・同施行規則・同関係通達 ⓮民法（抄）

国税通則・徴収・犯則法規集
日本税理士会連合会 編
中央経済社

❶国税通則法 ❷同施行令・同施行規則・同関係告示 ❸同関係通達 ❹租税特別措置法・同施行令・同施行規則 ❺国税徴収法 ❻同施行令・同施行規則 ❼国税犯則取締法・同施行規則 ❽滞調法・同施行令・同施行規則・同関係告示 ❾税理士法・同施行令・同施行規則 ❿電子帳簿保存法・同施行令・同施行規則・同関係告示 ⓫行政手続オンライン化法・同国税関係法令に関する省令・同関係告示 ⓬行政手続法 ⓭行政不服審査法 ⓮行政事件訴訟法（抄）⓯組織的犯罪処罰法（抄）⓰没収保全と滞納処分との調整令 ⓱犯罪収益規則（抄）⓲麻薬特例法（抄）

消費税法規通達集
日本税理士会連合会 編
中央経済社

❶消費税法 ❷同別表第三等に関する法令 ❸同施行令・同施行規則・同関係告示 ❹消費税法基本通達 ❺消費税申告書様式等 ❻消費税法等関係取扱通達等 ❼租税特別措置法・同施行令・同施行規則・同関係通達 ❽消費税転嫁対策法・同ガイドライン ❾震災特例法・同施行令・同関係告示 ❿震災特例法関係通達 ⓫税制改革法等 ⓬地方税法（抄）⓭同施行令・同施行規則（抄）⓮所得税・法人税政省令（抄）⓯輸徴法令 ⓰関税法令（抄）⓱関税定率法等

登録免許税・印紙税法規集
日本税理士会連合会 編
中央経済社

❶登録免許税法 ❷同施行令・同施行規則 ❸租税特別措置法・同施行令・同施行規則（抄）❹震災特例法・同施行令・同施行規則（抄）❺印紙税法 ❻同施行令・同施行規則 ❼印紙税法基本通達 ❽租税特別措置法・同施行令・同施行規則 ❾印紙税額一覧表 ❿震災特例法・同施行令・同施行規則 ⓫震災特例法関係通達等

中央経済社